Anglais

LE MOT POUR DIRE

LE MOT POUR DIRE

Vocabulaire thématique

David Howell

Illustrations : Catherine Beaumont
Conception maquette : Emmanuelle Braine-Bonnaire
Mise en page : Linéale Production
Coordination éditoriale : Isabelle Lecharny
Édition : Christine Ligonie
Révision des textes : Robert Davreu

ISBN 978-2-04-730320-7

Présentation

Cet ouvrage propose, classés par thèmes, plus de 4 000 mots usuels de l'anglais d'aujourd'hui à l'attention de tous ceux qui apprennent cette langue et souhaitent acquérir un vocabulaire pratique et vivant. Il s'adresse aussi bien aux élèves du secondaire (collégiens et lycéens) et aux étudiants de premier cycle qu'aux adultes qui veulent consolider leur connaissance de l'anglais ou qui envisagent d'effectuer un séjour plus ou moins long en Angleterre ou aux États-Unis.

Le vocabulaire est réparti en 39 chapitres, divisés eux-mêmes en plusieurs sous-chapitres d'une page. Cette présentation simple et claire facilite la consultation et permet de retrouver aisément un mot dans un contexte thématique donné. Par ailleurs, les termes sont groupés par analogie (et non par ordre alphabétique ou grammatical) afin de favoriser une mémorisation plus rapide.

Au bas de chaque liste, des encadrés « Pour aller plus loin » ou « Expressions courantes » apportent des informations complémentaires et variées : phrases de la conversation courante, mettant ainsi les mots dans un contexte, tournures idiomatiques, proverbes, remarques grammaticales, éléments de civilisation.

Remarques

- La base de référence de ce vocabulaire est l'anglais britannique. Cependant, les équivalents américains les plus importants y figurent aussi suivis de *(US)*. Lorsqu'un même terme a des acceptions différentes en anglais britannique et en anglais américain, les traductions françaises sont suivies de *(GB)* ou *(US)*.
- Les formes des verbes irréguliers n'apparaissent pas dans les listes de mots, mais une liste presque exhaustive de ces verbes est donnée en fin d'ouvrage.
- Les pluriels irréguliers figurent toujours à côté des noms.
- L'illustration : les numéros qui figurent dans les illustrations renvoient aux mots du chapitre suivis des mêmes numéros.
- Abréviations utilisées : *fam.* : familier ; *n.* : nom ; *adj.* : adjectif ; *sg.* : singulier ; *adv.* : adverbe ; *pl.* : pluriel ; *qn* : quelqu'un ; *so* : someone ; *sb* : somebody.

Contents – Sommaire

Saying Hello, Apologizing | *Saluer, s'excuser*

hello	bonjour, salut
hi *(US)*	salut
good morning	bonjour (avant 12 h)
good afternoon	bonjour (après 12 h)
good evening	bonsoir
good night	bonne nuit, bonsoir
goodbye	au revoir, adieu
bye (bye)	au revoir
see you	à la prochaine
see you soon	à bientôt
see you later	à tout à l'heure
welcome	soyez le bienvenu
how are you?	comment allez-vous ?
excuse me!	pardon ! (excusez-moi)
pardon?, *(US)* **pardon / excuse me?**	pardon ? (je n'ai pas entendu)
sorry!	excusez-moi !
please	s'il vous plaît
thank you (very much)	merci (beaucoup)
thanks	merci
that's all right, you're welcome	je vous en prie
not at all	de rien
On the phone	Au téléphone
hello	allô (appel et réponse)
who's that?	qui est à l'appareil ?
this is Peter	c'est Peter
could I speak to…	puis-je parler à…
a collect call	un appel en PCV
area code	indicatif régional

EXPRESSIONS COURANTES

- Les expressions du type « à demain », « à vendredi », « à la semaine prochaine » se traduisent avec le verbe ***to see : see you tomorrow, see you on Friday, see you next week***, etc.

- Quelques phrases usuelles dans les conversations téléphoniques : ***hold on, please***, ne quittez pas ; ***I'll see if he's in / here***, je vais voir s'il est là ; ***I'm afraid he's out***, je suis désolé, mais il est absent ; ***speaking***, c'est lui-même (à l'appareil) ; ***I'm putting you through Mr Smith*** ou ***I'll put him on***, je vous passe Mr Smith (je vous le passe); ***who's speaking?*** qui est à l'appareil ? ; ***who should I say called*** ou ***who shall I say is calling?*** c'est de la part de qui ? ; ***I want to call collect*** (US) ou ***I want a call with reverse charge*** (GB), je souhaite passer un appel en PCV.

Asking and Answering | *Demander et répondre*

what…?	qu'est-ce que… ?
what!	comment ! quoi !
how?	comment ?
why?	pourquoi ?
where?	où ?
who?	qui ?
to whom?	à qui ?
which?	quel ?
which one?	lequel ?
yes	oui, si
no	non
OK, okay	oui, d'accord
all right	d'accord
that's right	c'est ça
rather	plutôt
but	mais
and	et
it doesn't matter	ça ne fait rien, peu importe
I don't mind	ça m'est égal
I don't care	je m'en fiche
because	parce que
indeed	certes
in fact, actually	en fait
by the way	à propos, au fait
anyway	d'ailleurs
hardly	à peine, guère
of course	bien sûr, bien entendu
however	cependant
what a pity!	(quel) dommage !

POUR ALLER PLUS LOIN

Attention à la place des prépositions dans les questions :

what are you talking about?	**De quoi** parlez-vous ?
Who's he thinking of?	**À qui** pense-t-il ?
Where do they come from?	**D'où** viennent-ils ?

● ***What*** et ***which*** peuvent se traduire tous les deux par « quel », mais ***which*** implique toujours une idée de « choix » entre plusieurs possibilités :

Could I have that book, please?	Peux-tu me passer ce livre ?
What book? I can't see any books.	Quel livre ? Je n'en vois pas.
Which book? The big one or the small one?	Quel livre ? Le gros ou le petit ?

1
Myself and Others
Moi et les autres
1
2
3
4
5
6
7
8
9
10
11
12

Identity | *L'identité*

to be called	s'appeler
to name	nommer
name	nom
first/Christian name	prénom
surname	nom de famille
maiden name	nom de jeune fille
Mr Jones	Monsieur (M.) Jones
Mrs Jones	Madame (Mme) Jones
Miss Jones	Mademoiselle (Mlle) Jones
age	âge
address	adresse
telephone number	numéro de téléphone
passport	passeport
date/place of birth	date/lieu de naissance
adult	adulte
minor	mineur (moins de 18 ans)
single, unmarried	célibataire *(adj.)*
bachelor	célibataire *(n.)* (homme)
married	marié
divorced	divorcé
widow, widower	veuve, veuf
nationality	nationalité
foreign	étranger *(adj.)*
foreigner (1)	étranger *(n.)*
to sign (2)	signer
signature	signature
initials	initiales
British born	Britannique ou
American born	Américain de naissance

POUR ALLER PLUS LOIN

● Pour demander l'âge de quelqu'un, on utilisera plutôt ***How old are you?*** que ***What's your age?*** Réponse : ***I'm fifteen (years old).***

Attention ! On utilise ***Mr*** (Monsieur) et ***Mrs*** (Madame) uniquement lorsqu'ils sont suivis du nom de famille :

Good morning, Mr Jones mais ***Good morning, sir.***

Good morning, Mrs Jones mais ***Good morning, madam.***

Miss (Mademoiselle) s'utilise aussi bien suivi du nom que seul.

À l'écrit, ***Mrs*** et ***Miss*** sont souvent remplacés par la formule unique ***Ms***.

● Les adjectifs de nationalité prennent toujours une majuscule :

He's British, American, French.

Human Beings | *Les êtres humains*

mankind	humanité
male	de sexe masculin
female	de sexe féminin
man (*pl.* **men**) (3)	homme
woman (*pl.* **women**) (4)	femme
baby (5)	bébé
child (*pl.* **children**)	enfant
childhood	enfance
(little) boy (6)	(petit) garçon
little girl (7)	petite fille
young	jeune
(young) girl	(jeune) fille
young man	jeune homme
youth	jeunesse
the young	les jeunes
teenager	adolescent
grown-up(s)	adulte(s)
old	vieux *(adj.)*
elderly	(assez) âgé
the elderly, the old, elderly citizens *(US)*	les personnes âgées, les vieux
old age	vieillesse
to be born	naître
birth	naissance
to live	vivre
life (*pl.* **lives**)	vie
to be alive	être en vie/ vivant
to die	mourir
death	mort
dead	mort *(adj.)*
funeral	enterrement
male	masculin *(adj.)*
female	féminin *(adj.)*

POUR ALLER PLUS LOIN

● L'emploi du temps entre l'anglais et le français est différent dans : ***He was born in New York.*** Il est né à New York.

Attention !

L'adjectif ***old*** a deux formes de comparaison ***older/oldest*** et ***elder/eldest***. ***Elder*** et ***eldest*** s'utilisent surtout pour comparer les membres d'une même famille :

My elder brother.	Mon frère aîné.
He's the eldest.	C'est l'aîné.

The Family (1) | *La famille (1)*

family	famille
father (8)	père
mother (9)	mère
mum(my), *(US)* **ma**	maman
dad(dy), *(US)* **pa**	papa
parents	parents (père et mère)
relations, relatives	parents (au sens large)
son	fils
daughter	fille
brother	frère
sister	sœur
grandmother (10)	grand-mère
grandfather (11)	grand-père
grandparents	grands-parents
my folks *(fam.)*	mes parents
orphan	orphelin
grandchildren (*sg.* **grandchild**)	petits-enfants
grandson	petit-fils
granddaughter	petite-fille
uncle	oncle
aunt	tante
nephew	neveu
niece	nièce
cousin	cousin, cousine
godfather	parrain
godmother	marraine
godson	filleul
goddaughter	filleule
maternal	maternel
paternal	paternel
mother tongue	langue maternelle
mother land	patrie
mother-to-be	future maman
family tree	arbre généalogique

EXPRESSIONS COURANTES

Like father, like son.	Tel père, tel fils.
He's still tied to his mother's apron strings.	Il est encore dans les jupes de sa mère.
They're blood brothers.	Ils sont frères de sang.
The brotherhood of man.	L'humanité tout entière.

The Family (2) | *La famille (2)*

to fall in love (with)	tomber amoureux (de)
boyfriend	copain, (petit) ami
girlfriend	copine, (petite) amie
lover	amoureux, amant
engagement	fiançailles
engaged	fiancé *(adj.)*
fiancé(e)	fiancé(e) *(n.)*
to marry	épouser
to get married	se marier
marriage	mariage
wedding	noces
newly-weds (12)	jeunes mariés
husband	mari, époux
wife	femme, épouse
couple	couple, époux
father-in-law	beau-père (père du conjoint)
bride and groom	le marié et la mariée (le jour du mariage)
mother-in-law	belle-mère (mère du conjoint)
son-in-law	gendre, beau-fils
daughter-in-law	belle-fille
in-laws	beaux-parents
to live together	vivre ensemble
(to be) pregnant	(être) enceinte
to have a baby	avoir un enfant
to bring up children	élever des enfants
to adopt	adopter
adoption	adoption
orphan	orphelin
to foster a child with sb	placer un enfant chez qn
divorce	divorce
to divorce (sb)	divorcer (d'avec qn)
to get divorced	divorcer

POUR ALLER PLUS LOIN

- « Belle-mère » a deux traductions possibles : ***mother-in-law*** (mère du conjoint) et ***stepmother*** (seconde épouse du père).
Sur le même modèle on dit : ***father-in-law/stepfather*** ; ***son-in-law/stepson*** ; ***daughter-in-law/stepdaughter*** ; ***sister-in-law/stepsister*** (belle-sœur/demi-sœur) ; ***brother-in-law/stepbrother*** (beau-frère/demi-frère).

- ***Wedding*** et ***marriage*** :

Were you invited to the wedding?	As-tu été invité au mariage (à la cérémonie) ?
Their marriage lasted for two years.	Leur mariage (leur union) a duré deux ans.

Social Life | *La vie sociale*

to greet	accueillir
to introduce oneself	se présenter
gathering	réunion
to get together, to meet up	se réunir
to call on, to drop in on	passer voir
to go out	sortir (en ville)
to invite	inviter
invitation	invitation
guest	hôte, invité
party	fête ; réception
birthday	anniversaire
to celebrate	célébrer, fêter
congratulations!	félicitations !
friend	ami
chum, pal *(fam.)*	copain
acquaintance	connaissance, relation
to give	donner, offrir
gift, present	don, cadeau
surprise	surprise
to surprise	surprendre
meeting	rencontre
to meet	rencontrer
date	rendez-vous
alone	seul
lonely	(tout) seul, solitaire

POUR ALLER PLUS LOIN

- ***How do you do*** est une formule de politesse, utilisée lorsqu'on est présenté (ou on se présente) à quelqu'un. La réponse est aussi ***How do you do*** :

  'My name's Peter Jones. How do you do!'
  'How do you do, Mr Jones. My name's Tom Smith.'

- Dans un style plus décontracté, le dialogue pourrait être le suivant :

  'Hello! My name's Peter Jones!'
  'Nice to meet you Peter. I'm Tom Smith!'

- ***How are you***, d'autre part, est l'équivalent de « Comment vas-tu/allez-vous » ?

  'Hello John! How are you?'
  'Fine thanks, and you?'
  'Very well, thank you!'

- En langage plus familier, on peut aussi demander ***How are things (with you)?***, ***How are you getting on?***, ou encore ***How's life? How are you doing?***

2
Describing
Décrire

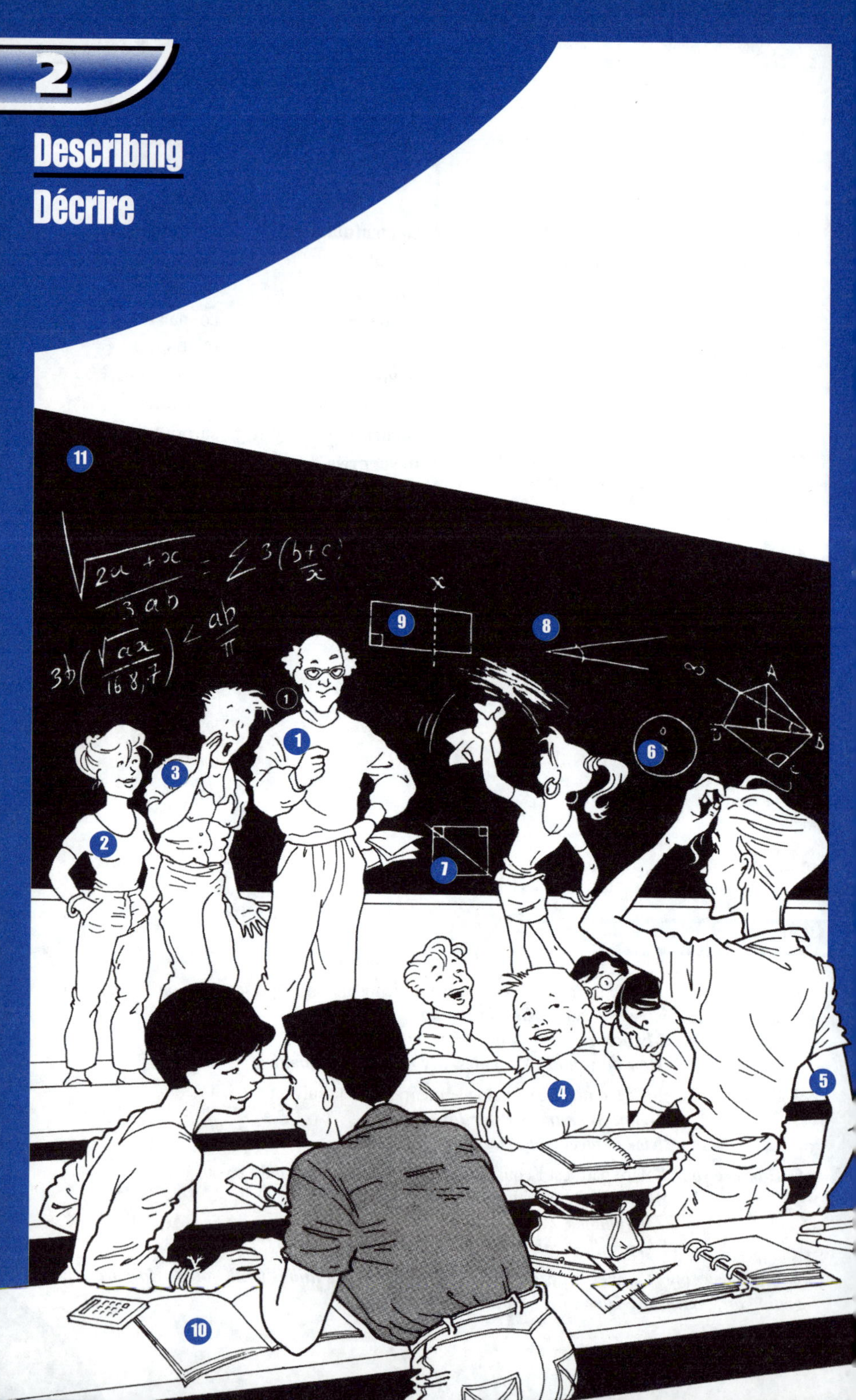

Physical Appearance (1) | *L'aspect physique (1)*

to be	être
to exist	exister
to become	devenir
existence	existence
being	être *(n.)*
reality	réalité
real	réel ; vrai
actual	réel
to appear	apparaître
appearance	apparence
to disappear	disparaître
to seem	sembler
to change	changer
change	changement
different	différent
difference	différence
to be different / to differ from	se distinguer de
(the) same	(le) même
absent	absent
absence	absence
present	présent
presence	présence
description	description
variety	variété
various	varié
ordinary	ordinaire
odd, strange	étrange
extraordinary	extraordinaire
funny, bizarre	bizarre, curieux

EXPRESSIONS COURANTES

● Pour demander la description d'un objet ou d'une personne on utilise les questions ***what's … like*** et ***what does… look like*** (la deuxième uniquement pour une description physique).
Ainsi :

What's her brother like?	Comment est son frère ?
He's very intelligent.	Il est très intelligent.
What does he look like?	Comment est-il physiquement ?
He's tall and handsome!	Il est grand et beau !

Physical Appearance (2) | L'aspect physique (2)

Things	Les choses	**level**	plat, plan
object	objet	**flat**	plat
size	grandeur	**bent**	tordu
dimension	dimension	**thick**	épais
height	hauteur	**thin**	fin
high	haut	**heavy**	lourd
low	bas	**light**	léger
length	longueur	**enormous, huge**	énorme
long	long	**People**	Les gens
short	court	**height**	stature, taille
depth	profondeur	**tall** (1)	grand
deep	profond	**short, small** (2)	petit
shallow	peu profond	**medium height** (3)	de taille moyenne
breadth, width	largeur	**to grow (taller)**	grandir
broad, wide	large	**fat** (4)	gros
narrow	étroit	**thin** (5)	mince, maigre
big	grand	**slim, slender**	svelte, mince
small	petit	**to put on weight**	prendre du poids
straight	droit	**to lose weight**	perdre du poids
curved	en courbe		

POUR ALLER PLUS LOIN

Attention à l'emploi des verbes *look* et *sound* dans les exemples suivants :

I saw Tom. He looked tired.	J'ai vu Tom. Il avait l'air fatigué.
I spoke to him on the phone. He sounded tired.	Je lui ai parlé au téléphone. Il avait l'air fatigué.
This animal looks like a cat but it sounds more like a dog.	Cet animal a l'air d'un chat mais à l'entendre on dirait plutôt un chien.

● Les questions françaises du type « quel + nom » se traduisent généralement en anglais par « *how* + adj ».

How high is the building?	Quelle est la hauteur de l'immeuble ?
How long is the street?	Quelle est la longueur de la rue ?
How deep is the lake?	Quelle est la profondeur du lac ?
How tall are you?	Quelle est votre taille ?
How heavy are you?	Quel est votre poids ?
How expensive is this car?	Quel est le prix de cette voiture ?

Shapes and Colours | *Formes et couleurs*

shape	forme
figure	figure, forme (silhouette)
round	rond
oval	ovale
circle (6)	cercle
circular	circulaire
sphere	sphère
(a) **square** (7)	(un) carré
angle (8)	angle
triangle	triangle
triangular	triangulaire
rectangle (9)	rectangle
rectangular	rectangulaire
base	base
edge	bord
side	côté ; face
tip	pointe ; sommet
point	pointe
colour	couleur
white (10)	blanc
black (11)	noir
grey, *(US)* **gray**	gris
yellow	jaune
orange	orange, orangé
blue	bleu
red	rouge
brown	marron, brun
pink	rose
green	vert
off-white	blanc cassé
dark	foncé, sombre
light	clair, lumineux
bright	vif, éclatant
dull	terne
faded	passé

POUR ALLER PLUS LOIN

● Le suffixe "*ish*" en anglais, à la fin des adjectifs de couleur, a une connotation péjorative :

yellowish	jaunâtre

● Les noms de couleurs entrent dans beaucoup d'expressions idiomatiques :

He was green with envy.	Il était vert de jalousie.
We caught him red-handed.	On l'a pris la main dans le sac.
She was white with rage.	Elle était pâle de rage.
All in all, it's been a black day.	Dans l'ensemble, ça a été un mauvais jour.
They beat him black and blue.	Ils l'ont tabassé.
Once in a blue moon.	Tous les 36 du mois.
He painted the town red.	Il a fait les quatre cents coups.
Between the devil and the deep blue sea.	Entre chien et loup.

3

The Human Body
Le corps humain

5
4
3
7
14
12
10
9
13
8
11

The Head | *La tête*

skull	crâne
face	visage, figure
forehead	front
temple	tempe
cheek	joue
cheekbone	pommette
eye	œil
eyelid	paupière
eyelash	cil
eyebrow	sourcil
pupil	pupille
ear (1)	oreille
nose	nez
nostril	narine
mouth	bouche
jaw	mâchoire
tooth (*pl.* **teeth**)	dent
gum	gencive
lip	lèvre
tongue (2)	langue
chin	menton
neck (3)	cou
nape (of the neck) (4)	nuque
throat	gorge
hair (5)	cheveux
a hair	cheveu, poil
bald (6)	chauve
blond, fair-haired	blond
dark-haired	brun
brown-haired	châtain
curly(-haired)	frisé
wavy(-haired)	bouclé
beard	barbe
bearded	barbu
mustache	moustache
freckles	taches de rousseur
mole	grain de beauté

EXPRESSIONS COURANTES

He has a sweet tooth.	Il adore les sucreries.
She was all ears.	Elle était tout ouïe.
I just followed my nose.	J'ai simplement suivi mon instinct.
I have an eye for a bargain.	J'ai du flair pour les bonnes affaires.
She's up to her neck in trouble.	Elle est dans le pétrin.
I have a frog in my throat.	J'ai un chat dans la gorge.

The Limbs | Les membres

arm	bras
shoulder	épaule
elbow (7)	coude
wrist (8)	poignet
hand (9)	main
right-handed	droitier
left-handed	gaucher
fist	poing
thumb	pouce
finger	doigt
fingernail	ongle
fingertip	bout du doigt
palm	paume
leg (10)	jambe
hip	hanche
thigh (11)	cuisse
calf (*pl.* **calves**)	mollet
knee (12)	genou
to kneel	s'agenouiller
ankle	cheville
foot (*pl.* **feet**) (13)	pied
heel	talon
toe	orteil
big toe	gros orteil
toenail	ongle (du pied)
on tip-toe	sur la pointe des pieds

POUR ALLER PLUS LOIN

I told him straight from the shoulder.	Je le lui ai dit carrément.
I put my shoulder to the wheel.	J'ai mis la main à la pâte.
Stop fingering everything!	Arrête de tout tripoter !
It cost me an arm and a leg!	Ça m'a coûté les yeux de la tête.
They're so tight-fisted.	Ils sont tellement près de leur sou.
I can twist him round my little finger.	Je peux le mener par le bout du nez.
You're pulling my leg!	Tu me fais marcher !
Don't walk on my toes!	Ne marche pas sur mes plate-bandes.

● L'adjectif possessif est utilisé devant les noms désignant des parties du corps :

He stood with his hands in his pockets.	Il se tenait les mains dans les poches.
My foot hurts.	J'ai mal au pied.
He sprained his wrist.	Il s'est foulé le poignet.

Organs and the Trunk | Les organes et le tronc

chest (14)	poitrine
breast	poitrine, sein
trunk, torso	torse
back (15)	dos
lap	giron, genou
bottom, backside (16)	derrière
buttocks	les fesses
stomach (17)	estomac, ventre
skin	peau
blood	sang
brain	cerveau, cervelle
flesh	chair
bone	os
joint	articulation
muscle	muscle
nerve	nerf
spine	colonne vertébrale
rib	côte
heart	cœur
to beat	battre
heartbeat	battement de cœur
lung	poumon
to breathe	respirer
breathing	respiration
breath	souffle
liver	foie
kidney	rein
genitals	organes génitaux
testicles	testicules
penis	pénis
vagina	vagin
to sweat	transpirer
sweat	transpiration

EXPRESSIONS COURANTES

I've got to get it off my chest.	Il faut que je dise ce que j'ai sur le cœur.
He made no bones about it.	Il n'y est pas allé par quatre chemins.
I've got a bone to pick with her.	J'ai des comptes à régler avec elle.
He's head over heels in love with her.	Il est éperdument amoureux d'elle.
He's all skin and bone.	Il n'a que la peau sur les os.

● Quand vous êtes énervé ou excité : ***your heart pounds*** (votre cœur bat plus fort) ; ***you pant*** (vous haletez) ; ***your blood courses through your veins*** (votre sang coule plus vite dans les veines).

● Quand vous avez peur : ***your skin creeps*** (vous avez la chair de poule) ; ***you hold your breath*** (vous retenez votre souffle) ; ***a shiver runs down your spine*** (vous avez froid dans le dos).

The Senses | *Les sens*

sight	vue
to have good/ poor eyesight	avoir une bonne/ mauvaise vue
to see	voir
to look (at)	regarder
look	regard
glance	coup d'œil
to glance (at)	jeter un coup d'œil (à)
to stare (at)	regarder fixement
blind	aveugle
blindness	cécité
(sense of) hearing	ouïe
to hear	entendre
to listen (to)	écouter
voice	voix
sound	son
deaf	sourd
dumb	muet
(sense of) smell	odorat
a smell (of)	une odeur (de)
a fragrance	un parfum
to smell	sentir
it smells good/ awful	ça sent bon/ mauvais
(sense of) taste	goût
a taste of	un goût de
to taste	goûter
to taste of	avoir un goût de
flavour	goût, saveur
bitter	amer
sweet	sucré, doux
sour	aigre
salty	salé
(sense of) touch	toucher *(n.)*
to touch	toucher
soft	doux
hard	dur
rough	rugueux
smooth	uni, lisse
to feel	sentir ; toucher
feeling	sentiment ; sensation

POUR ALLER PLUS LOIN

● Les verbes ***smell, taste*** et ***feel*** s'utilisent de façon transitive et intransitive :

Smell this flower!	Sens cette fleur !
It smells nice.	Elle sent bon.
He tasted the milk.	Il a goûté le lait.
The milk tasted bitter.	Le lait avait un goût amer.
The doctor feels her pulse.	Le médecin lui tâte le pouls.
I feel tired.	Je me sens fatigué.
This material feels soft.	Ce tissu est doux (au toucher).

WOOL & ACRYLIC
FASHION!
NEW STOCK
SKIRTS
£ 18
TROUSERS
£ 20
PURE SILK
LINEN 100%
FLANEL
COTTON 70%
15
8
18
16
5
17
3
4
24
1
7
9

4

Clothes

Les vêtements

Clothes (1) | Les vêtements (1)

to put on	mettre, enfiler
to try on	essayer
to wear	porter, mettre
to dress, to get dressed	s'habiller
well-dressed	bien habillé
badly-dressed	mal habillé
to dress well/badly	s'habiller bien/mal
dressed-up	sur son trente et un
to undress	se déshabiller
to take off, to remove	enlever, ôter
naked	nu
to wear out	(s')user
tight	serré
baggy	flottant
loose	large, ample
underwear	sous-vêtements
pants	slip, caleçon
boxer shorts, boxers	caleçon
knickers, panties	culotte, slip
bra	soutien-gorge
suspenders	*(GB)* jarretelle, *(US)* bretelles
suspender belt, *(US)* **garter**	porte-jarretelles
stockings	bas
tights	collants
braces	bretelles
vest, *(US)* **undershirt**	tricot de corps
sock	chaussette
barefoot	nu-pieds
pyjamas	pyjama
nightshirt, nightdress	chemise de nuit
dressing gown	robe de chambre
casual	décontracté
formal	conventionnel
custom-made	fait sur mesure

POUR ALLER PLUS LOIN

● ***To fit* et *to suit* :**

This dress fits me.	Cette robe est à ma taille.
But it doesn't suit me.	Mais elle ne me va pas bien (elle n'est pas seyante).

A joke (une blague) :

Customer : I'd like to try this suit on in the window.

Shop-assistant : I'm sorry, Sir. You'll have to try it on in a changing room, like everyone else.

Clothes (2) | Les vêtements (2)

suit	costume ; tailleur
trousers, *(US)* **pants**	pantalon
jeans (1)	jeans
pocket (2)	poche
dress (3)	robe
shirt	chemise
blouse (4)	chemisier
collar (5)	col
sleeve (6)	manche
cuff (7)	manchette
sweater, pullover	pull
waistcoat	gilet
jacket (8)	veste
skirt (9)	jupe
coat (10)	manteau, pardessus
raincoat	imperméable
sneakers	tennis
bomber jacket (11)	blouson
shoe (12)	chaussure
boot (13)	botte, chaussures montantes
pair	paire
to polish	cirer
polish	cirage
to tie (up) one's shoe-laces	nouer ses lacets
sandal	sandale
slipper	chausson, pantoufle
swimming trunks	maillot de bain (homme)
bathing suit/ costume	maillot de bain (femme)
overalls	salopette
tracksuit	survêtement

POUR ALLER PLUS LOIN

● Une robe peut être ***long-sleeved*** (à manches longues), ***short-sleeved*** (à manches courtes) ou ***sleeveless*** (sans manches).

Une femme peut porter des ***high heels*** (talons hauts) ou des ***stilettos*** (talons aiguille), mais pour une longue promenade elle mettra plutôt des ***flat*** ou ***sensible shoes*** (chaussures à talons plats).

● Deux expressions idiomatiques :

Who wears the trousers in this house?	Qui est le maître dans cette maison ?
Not him, he's all mouth and trousers!	Pas lui, c'est plutôt le genre beaucoup de bruit pour rien.

Fashion and Accessories | *La mode, les accessoires*

fashionable	à la mode
old-fashioned	démodé
(brand) new	(tout) neuf
newness, originality	nouveauté, originalité
elegant, smart	élégant
elegance	élégance
designer	styliste
model	mannequin
hairstyle (14)	coupe de cheveux
dinner jacket tuxedo *(US)*	smoking
evening dress	tenue de soirée
hat	chapeau
cap (15)	casquette
scarf (16)	foulard ; écharpe
tie	cravate
belt (17)	ceinture
glove (18)	gant
umbrella (19)	parapluie
bag (20)	sac
handbag, *(US)* **purse**	sac à main
wallet, *(US)* **pocketbook**	portefeuille
purse	porte-monnaie
handkerchief	mouchoir
glasses, spectacles (21)	lunettes
brooch	broche
earring	boucle d'oreille
bracelet	bracelet
ring	bague
chain	chaîne
necklace (22)	collier
make-up	maquillage

POUR ALLER PLUS LOIN

● ***To dress up*** signifie aussi bien « s'habiller avec un soin particulier » que « se déguiser pour une soirée costumée » (***fancy dress party***) :

He dressed up for the theatre. Il a mis des vêtements élégants pour aller au théâtre.
He dressed up as a clown. Il s'est déguisé en clown.

Materials and Sewing | *Tissus et couture*

cloth	drap, toile
fabric	tissu, étoffe
pattern	motif, patron
cotton	coton
linen	lin
wool	laine
nylon	nylon
acrylic	acrylique
silk	soie
flannel	flanelle
lace (23)	dentelle
(real) leather	cuir (véritable)
pelt, skin	peau
button (24)	bouton
popper	bouton-pression
zip (25)	fermeture Éclair
tailor	tailleur
patchwork	patchwork
strech *(adj.)*	élastique
measurements	mesures
size	taille, mesure
waist size	tour de taille
hip size	tour de hanches
shoe size	pointure
thread	fil
to sew	coudre
needle	aiguille
pin	épingle
sewing machine	machine à coudre
to crochet	faire du crochet
to knit	tricoter
scissors	ciseaux
loom	métier à tisser
to weave	tisser
hand-made	fait à la main
quilt	couverture surpiquée

POUR ALLER PLUS LOIN

- Quelques types de ***patterns*** (imprimés) :
plain (uni) ; ***striped*** (à rayures) ; ***checked*** (à carreaux) ; ***dotted*** (à pois) ; ***flowery*** (fleuri) ; ***tartan*** (écossais).

Attention à l'ordre des déterminants dans la description suivante :
A size 16 black and white striped silk blouse.
Un chemisier en soie, à rayures noires et blanches, taille 44.

5

Eating and drinking
Manger et boire

Preparing and Cooking | *La préparation et la cuisine*

to be hungry	avoir faim
to eat	manger
to starve, to be starving	mourir de faim
meal	repas
food	nourriture
to cook	faire la cuisine ; cuire
cooking	cuisine (action de cuisiner)
recipe	recette
saucepan	casserole
lid	couvercle
frying pan	poêle
grill	grill
casserole (dish)	cocotte
roasting tin	plat à rôtir
carving knife	couteau à découper
to cut	couper
to cut up	couper en morceaux
to slice	couper en tranches
slice	tranche
to shop, to dice	hacher, couper en dés
to mince	hacher (viande)
to grind	moudre
to peel	éplucher
to stuff	farcir
to mix	mélanger
to stir	remuer
to season	assaisonner
to heat / to warm up	réchauffer
to roast	rôtir
to boil	faire bouillir ; bouillir
to fry	faire frire ; frire
mashed	en purée
to bake	faire cuire au four
to roast	cuire au four à feu vif
to deep freeze	congeler

POUR ALLER PLUS LOIN

● ***A cook*** est une personne (le cuisinier) et ***a cooker***, un appareil (la cuisinière).

My mother's a very good cook.	Ma mère est une très bonne cuisinière.
We've bought a new cooker.	Nous avons acheté une nouvelle cuisinière.

● ***To cook*** s'emploie à la forme transitive ou intransitive :

Do you like cooking, George?	Tu aimes faire la cuisine, George ?
Yes, but I only cook things which cook fast.	Oui, mais je fais seulement des choses qui vont (cuisent) vite.

● Quelques problèmes à la cuisine :

The sauce is sticking to the bottom.	La sauce attache.
The milk's boiling over.	Le lait déborde.
The meat's burnt.	La viande est brûlée.

At Table | À table

to lay/to set the table	mettre la table, mettre le couvert
(table)mat	dessous-de-plat, set de table
tablecloth	nappe
serviette, napkin (1)	serviette (de table)
knife (2)	couteau
fork (3)	fourchette
spoon (4)	cuiller
teaspoon	petite cuiller
cutlery	couverts
plate (5)	assiette
dish	plat
cup (6)	tasse
saucer	soucoupe
glass (7)	verre
jug (8)	cruche
bowl (9)	bol, saladier
soup plate	assiette creuse/ à soupe
breakfast	petit déjeuner
to (have) breakfast	prendre le petit déjeuner
lunch, midday meal	déjeuner, repas de midi
tea	thé ; goûter
dinner	dîner, repas du soir
supper	souper
snack	casse-croûte, repas sur le pouce
fastfood	fast(-food)
starter	entrée
main course	plat principal
dessert	dessert
appetizer	amuse-gueule

POUR ALLER PLUS LOIN

- Il n'y a pas de traduction de « bon appétit » en anglais. Au restaurant, on vous dira parfois : ***Hope you enjoy/like it***. (J'espère que vous aimerez.)
- De nos jours, le traditionnel ***English breakfast***, composé de ***eggs, bacon, sausages, toasts*** et ***marmalade*** est de plus en plus souvent remplacé par le moins « consistant » ***Continental breakfast.***
- De ***breakfast*** et ***lunch*** on a créé le mot ***brunch***, désignant un petit déjeuner en fin de matinée (***a late breakfast)*** ou un déjeuner pris très tôt (***an early lunch***).
- Le repas le plus substantiel de la journée est le dîner (***dinner*** ou ***supper***), qu'on prend généralement assez tôt.

Food (1) — *Les aliments (1)*

foods, foodstuffs	aliments
bread (10)	pain
a loaf (of bread)	un pain
slice	tranche
roll	petit pain
crumb	miette ; mie
crust	croûte
salt	sel
pepper	poivre
mustard	moutarde
oil	huile
vinegar	vinaigre
French dressing, vinaigrette	vinaigrette
spices	épices
herbs	fines herbes
soup	soupe, potage
meat	viande
minced meat, mince	viande hachée
steak	steak, bifteck
well done	bien cuit
medium	à point
rare	saignant
cutlet	côtelette
beef	(viande de) bœuf
pork	(viande de) porc
veal	(viande de) veau
lamb	(viande d') agneau
mutton	(viande de) mouton
stew	ragoût
poultry, fowl	volaille
chicken (11)	poulet
turkey	dinde
game	gibier
ham (12)	jambon
sausage (13)	saucisse
sauce	sauce
gravy	sauce au jus de viande
mad cow disease (BSE)	ESB, maladie de la vache folle

POUR ALLER PLUS LOIN

- Les noms de viande (***beef, mutton, pork, veal***) sont d'origine française, tandis que les noms des animaux correspondants (***cow, sheep, pig, calf***) sont d'origine anglo-saxonne.
- Voici quatre plats britanniques :

Yorkshire pudding (pudding salé) fait de farine (***flour***), lait (***milk***), œufs (***eggs***) et sel (***salt***) – le tout préparé au four (***baked in the oven***). On le sert en garniture au ***roastbeef***.

Shepherd's pie (hachis parmentier) – viande hachée (***minced meat***) garnie de pommes de terre en purée (***mashed potatoes***), et gratinée au four.

Fish-and-ship: plat populaire de poisson frit à emporter.

Irish stew (ragoût irlandais) : mouton (***mutton***), pommes de terre (***potatoes***), oignons (***onions***).

Steak and kidney pie : tourte au bœuf et aux rognons (cuits dans un feuilletage).

Food (2) | Les aliments (2)

fish	poisson
seafood	fruits de mer
egg (14)	œuf
pasta	pâtes
spaghetti	spaghetti
rice	riz
flour	farine
salad	salade (accompagnement)
lettuce	salade verte
green vegetables	légumes verts
mashed potatoes	purée de pommes de terre
chips	frites
milk	lait
butter	beurre
cream	crème
cheese	fromage
yogurt	yaourt
cottage cheese	fromage blanc
cheddar	cheddar
tin (15), **can** *(US)*	(boîte de) conserve
to taste	goûter
tasty	savoureux
delicious	délicieux
tasteless	fade
to chew	mastiquer
to swallow	avaler
vegetarian	végétarien
fat free, salt free	sans matières grasses, sans sel

EXPRESSIONS COURANTES

● ***Eggs : hard-boiled eggs*** (œufs durs) ; ***soft-boiled eggs*** (œufs à la coque) ; ***fried eggs*** (œufs sur le plat) ; ***scrambled eggs*** (œufs brouillés) ; ***omelet(te)***.
Aux États-Unis, on demande ses œufs sur le plat ***"sunny side up"*** (le jaune sur le dessus).

● ***Potatoes*** *:* ***chips*** (frites) ; ***mashed potatoes*** (purée) ; ***baked potatoes*** (au four) ; ***jacket potatoes*** (pommes de terre en robe des champs).

Attention !
Aux États-Unis, les « frites » s'appellent ***French fries***. En Grande-Bretagne ***chips*** désigne les « frites » et ***crisps*** les « chips » français !

Sweets | Les sucreries

sweet	sucré, doux ; sucrerie
sweet, *(US)* **candy**	bonbon
sugar	sucre
pudding	dessert, entremet
cake	gâteau
pastry	pâte
rolling pin	rouleau à pâtisserie
pie (16)	tourte
tart	tarte
whipped cream	crème Chantilly
ice cream, *(US)* **ice**	glace
(ice) lolly, *(US)* **popiscle**	esquimau
lollipop	sucette
water ice, sorbet	sorbet
ice-cream parlour *(US)*	salon de thé où l'on consomme des glaces
(chewing) gum	chewing-gum
honey	miel
jam	confiture
marmalade	confiture d'oranges amères
(plain) chocolate	chocolat (à croquer)
milk chocolate	chocolat au lait
bar of chocolate	tablette de chocolat
custard	crème anglaise
nougat	nougat
peanut butter	beurre de cacahuètes
mint	(bonbon à la) menthe
sundae	coupe glacée chantilly

POUR ALLER PLUS LOIN

● Voici deux exemples de desserts typiquement anglais :
Mincepies : tartelettes en pâte brisée, farcies de fruits secs.
Ce mélange de fruits secs porte le nom de ***mincemeat*** parce qu'on y ajoutait parfois de la viande hachée.

Trifle : une sorte de diplomate, servi avec de la crème anglaise (***custard***).

● À l'heure du thé en GB, on peut prendre un ***cream tea***, composé de ***scones*** (gâteaux en pâte sablée) coupés en deux et tartinés de confiture et de crème, servis avec du thé au lait.

Drinks | *Les boissons*

to be thirsty	avoir soif
beverage	boisson
a drink	une boisson
to drink	boire
to fill	remplir
full	plein
to empty	vider
to (gulp) down	vider d'un trait
empty	vide
glass	verre
bottle	bouteille
flask *(US)*	
water (17)	eau
tapwater	eau du robinet
mineral water	eau minérale
fizzy	gazeux
still	non gazeux
to squeeze (a lemon, etc.)	presser (un citron, etc.)
(fruit) juice	jus (de fruits)
orange juice (18)	jus d'oranges
lemonade	limonade, citronnade
soda water	eau de Seltz
tonic water	eau tonique
tea	thé
teapot	théière
teabag	sachet de thé
(electric) kettle	bouilloire (électrique)
coffee	café
white coffee	café crème
expresso (coffee)	(café) express
coffee pot	cafetière
hot chocolate	chocolat chaud
milk shake	lait frappé parfumé

POUR ALLER PLUS LOIN

- Le thé et le café jouent un rôle important dans la vie des Anglais. Toute occasion est bonne pour offrir ou s'offrir une tasse de thé. On s'entend dire souvent : ***A nice cup of tea is what you want*** (C'est une bonne tasse de thé qu'il vous faut). ***I'll put the kettle on*** (Je vais faire bouillir l'eau).
- Le dialogue autour de ce sujet est très souvent une série de questions et réponses courtes, par exemple :

'Tea or coffee?'	***'Coffee, please.'***
'Black or white?'	***'Black, please.'***
'Sugar?'	***'No, thank you.'***

Drinking and Smoking | *Boire et fumer*

alcohol	alcool
corkscrew (19)	tire-bouchon
bottle opener (20)	décapsuleur
(red/white) wine	vin (rouge/blanc)
Champagne	champagne
spirits, liquor *(US)*	alcools
beer, ale *(US)*	bière
lager	bière blonde (allemande)
stout	bière de malt
bitter	bière anglaise brune
draught on draft beer *(US)*	bière à la pression
cider	cidre
sweet	doux
dry	brut, sec
to go for a drink	(aller) prendre un verre
to have a drink	prendre un verre, un pot
drunk	saoul, ivre
tobacco	tabac
cigarette	cigarette
cigar	cigare
pipe	pipe
lighter	briquet
matches	allumettes
ash	cendre
ashtray	cendrier
cigarette papers	papier à cigarettes
smoke (21)	fumée
to smoke	fumer
smoker	fumeur
non-smoker	non-fumeur
no-smoking	défense de fumer

POUR ALLER PLUS LOIN

- En trinquant avec quelqu'un on dit : ***Cheers*** ou ***Your health*** (À la vôtre).
- Pour offrir un verre à quelqu'un, on peut dire : ***Let's have a drink!*** ou ***How about a drink?***
- Pour demander du feu, on dit : ***Do you have a light?***
- ***To drink like a fish,*** boire comme un trou.

6

Health
La santé

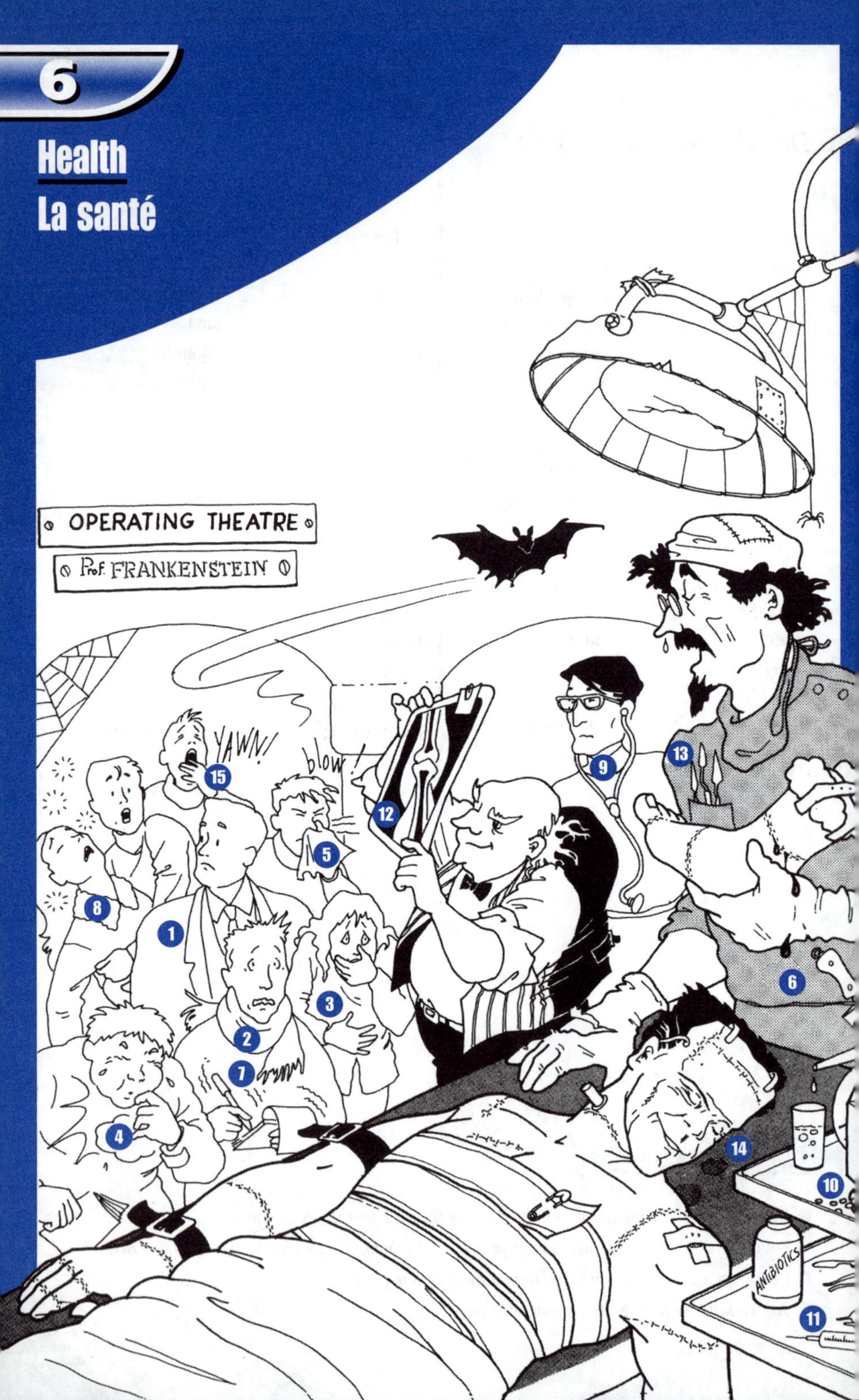

Health and Sickness | *La santé et la maladie*

sick, ill	malade
illness	maladie
serious, seriously	grave, gravement
healthy	sain, en bonne santé
health	santé
to be in good health	être en bonne santé
strong (1)	fort
weak	faible
cold	rhume
to have/catch a cold	avoir/attraper un rhume
flu, influenza	grippe
to have/to catch the flu	avoir/attraper la grippe
headache	mal de tête
toothache	mal aux dents
stomach ache	mal à l'estomac, au ventre
to have a headache	avoir mal à la tête
to have a sore throat (2)	avoir mal à la gorge
to feel sick (3)	avoir la nausée
pain	douleur
to be in pain	souffrir
temperature, fever	fièvre
to have a temperature	avoir de la fièvre
to sneeze (4)	éternuer
to cough	tousser
cough	toux
to blow one's nose (5)	se moucher
to hurt (oneself)	(se) faire mal
to injure	blesser
injury	blessure, lésion
wound	blessure
to bleed (6)	saigner
to swell (up)	(se) gonfler, enfler
to shake (7)	trembler
to suffocate	étouffer, suffoquer
to faint (8)	s'évanouir

EXPRESSIONS COURANTES

- ***I've got a pain in my back*** ou ***my back hurts*** (j'ai mal au dos) ; ***I've hurt myself*** (je me suis fait mal) ; ***I've hurt my leg*** (je me suis fait mal à la jambe).

Attention ! ***He's a pain (in the neck) !*** Il est ennuyeux comme tout / Il nous embête !

- ***He's sick*** (il est malade) et ***he's being sick*** (il est en train de vomir).
- Emploi de l'article indéfini dans ***to have a temperature*** (avoir de la fièvre).

Illnesses and Cures / *Maladies et soins*

disease	maladie, affection
cancer	cancer
stroke	attaque
heart attack	crise cardiaque
blackout	syncope
(nervous) breakdown	dépression nerveuse
madness, insanity	folie
mad, **insane**	fou
cure	remède
to be cured	être guéri
to recover	guérir, se remettre
handicapped, disabled	handicapé *(adj.)*
cripple	infirme
patient	patient, malade
doctor (9), **physician**	médecin
GP, general practitioner	médecin généraliste
chemist	pharmacien
chemist's, pharmacy, *(US)* **drugstore**	pharmacie
dentist	dentiste
prescription	ordonnance
AIDS	sida
HIV positive	séropositif
medicine	médecine ; médicament
drug	médicament, drogue
pill (10)	pilule, cachet
the pill	la pilule (contraceptive)
condom	préservatif
plaster	pansement
injection (11)	piqûre
bloodtest	prise de sang
X-ray (12)	radio(graphie)
to calm, to dull (the pain)	soulager (la douleur)
painkiller	calmant, analgésique
hospital	hôpital
clinic	clinique
intensive care	soins intensifs
operating theatre	salle d'opération
to operate (on)	opérer
surgery	chirurgie, intervention chirurgicale
surgeon (13)	chirurgien
nurse	infirmière

POUR ALLER PLUS LOIN

● ***To be/go down with :***
He's down with flu. Il a attrapé une grippe.

A joke (une blague) :
What did one lift say to the other lift?
I think I'm going down with something.

● En Angleterre, l'équivalent de la Sécurité sociale est le ***NHS (National Health Service)***. Les cotisations au ***NHS*** sont prélevées sur le salaire et les Anglais sont inscrits chez un généraliste payé par l'État qu'ils doivent obligatoirement consulter (les médicaments sont gratuits). Parallèlement à ce système, de plus en plus contesté, il existe un secteur privé très coûteux.

Sleep | Le sommeil

to go to bed	se coucher
to sleep (14)	dormir
asleep	endormi
to fall asleep, to go to sleep	s'endormir
to oversleep	se réveiller trop tard
to sleep in/late	faire la grasse matinée
sleeping pill	somnifère
dream	rêve, songe
to dream	rêver
nightmare	cauchemar
to wake up	se réveiller
awake	éveillé, réveillé
wide-awake	bien éveillé
to get up (early/late)	se lever (tôt/tard)
tired	fatigué
exhausted	épuisé
to yawn (15)	bâiller
to rest	se reposer
rest	repos
to lie down	s'allonger
to have a nap	faire un petit somme
(cat) nap	somme, sieste
drowsy	somnolent
to snooze, to doze	somnoler
to toss and turn	se retourner (dans son lit)
to talk in one's sleep	parler dans son sommeil

EXPRESSIONS COURANTES

- ***To sleep like a log.*** — Dormir comme une souche.
- Au moment d'aller se coucher, on peut dire :
  Sweet dreams! — Fais de beaux rêves !
  Sleep well! — Dors bien !
- … et le matin :
  Did you sleep well ? — As-tu bien dormi ?
  Ou bien, si ça a l'air de mal aller… :
  Did you get out of the bed on the wrong side? — Tu t'es levé du pied gauche, ce matin ?

16
23
21
22
20
17
27
24
SHAMPOO
Venus
Foundation cream
19
CLEANSER
KLEOPATRA
18
25
26

Washing | *La toilette*

clean	propre
dirty	sale
soap (16)	savon
flannel	gant de toilette
to wash	(se) laver
to dry (oneself)	(se) sécher
to have a bath/shower	prendre un bain/ une douche
towel (17)	serviette (de bain)
shampoo	shampooing
hair-dryer (18)	sèche-cheveux
comb (19)	peigne
to comb (one's hair)	(se) peigner
hairbrush (20)	brosse à cheveux
to brush one's hair	se brosser les cheveux
toothbrush (21)	brosse à dents
toothpaste (22)	dentifrice
to brush one's teeth	se laver les dents
to shave	se raser
(electric) shaver	rasoir (électrique)
shaving foam	mousse à raser
after-shave lotion	lotion après-rasage
mirror (23)	glace, miroir
spray (24)	atomiseur
make-up remover, cleanser	démaquillant
moisturizer	lait hydratant
foundation (cream)	fond de teint
cottonwool (25)	coton, ouate
lipstick (26)	rouge à lèvres
make-up	maquillage
perfume (27)	parfum
(sticking) plaster	sparadrap
to go to the toilet, bathroom *(US)*	aller aux toilettes

POUR ALLER PLUS LOIN

- ***Hair*** (cheveux) est singulier : ***She's got blond hair***. (Elle a des cheveux blonds.) Employé au pluriel, il se traduit par « poils ».
- Généralement, « Je me lave » ne se traduit pas par ***I'm washing myself*** mais par ***I'm washing*** ou ***I'm having a wash.***

7
The House
La maison
CHAM
1
2
3
4
5
6
7
8
9
10
11
12
13
14
15

Building | La construction

to build	construire
architect	architecte
materials	matériaux
stone	pierre
brick (1)	brique
brickwork, stonework	maçonnerie
cement	ciment
concrete	béton
plaster	plâtre
wood	bois
floorboard (2)	planche
flooring	parquet
tools (3)	outils
saw (4)	scie
hammer (5)	marteau
nail (6)	clou
drill	perceuse
power saw	scie électrique
plane	robot
to plane	raboter
screw (7)	vis
screwdriver (8)	tournevis
glass	verre
pane (of glass)	vitre
to demolish, to pull down	démolir
to do up, to revamp	retaper
plumbing	tuyauterie, canalisations
sanitation	sanitaire
slate	ardoise
tile	tuile
steel	acier
hole	trou
pile, heap	tas
ladder (9)	échelle
scaffolding	échaffaudage
crane	grue
to collapse	s'effondrer

POUR ALLER PLUS LOIN

● Voici quelques mots composés avec ***building*** :
building timber (bois de construction), ***building plot*** (terrain à bâtir), ***building trade*** (industrie du bâtiment), ***building contractor*** (entrepreneur en bâtiment).

● Le verbe ***to build*** s'utilise fréquemment dans un sens figuré :

He built all his hopes on a mere promise.	Il a fondé tous ses espoirs sur une simple promesse.
Work is building up.	Le travail s'accumule.
The plot of this novel is cleverly built up.	L'intrigue de ce roman est intelligemment construite.

The House | La maison

wall	mur
ground	sol
roof	toit
chimney	cheminée (extérieure)
fire-place	cheminée (intérieure)
balcony	balcon
floor (10)	plancher
ceiling (11)	plafond
window (12)	fenêtre
pane (of glass)	vitre
(front) door	porte (d'entrée)
lock (13)	serrure
key	clé
keyhole	trou de la serrure
to lock	fermer à clé
bolt	verrou
latch	loquet
doorknob (14)	poignée (de porte)
bell	sonnette
to knock	frapper (à la porte)
detached house	maison individuelle
semi-detached houses	maisons mitoyennes
to open	ouvrir
to close	fermer
basement	sous-sol
attic	grenier
garage	garage
(court)yard	cour
fence	barrière, palissade
garden, *(US)* **yard**	jardin
drive	allée
lift, *(US)* **elevator**	ascenseur
stairs (15)	escalier
stair, step	marche
downstairs	au rez-de-chaussée
upstairs	à l'étage
corner	coin
skyscraper, tower	gratte-ciel
penthouse	appartement avec jardin suspendu

POUR ALLER PLUS LOIN

● À Londres, on trouve moins de grands immeubles en copropriété qu'à Paris. Les gens habitent, pour la plupart, soit dans des maisons individuelles (***detached houses***), soit dans des maisons demi-mitoyennes (***semi-detached houses***) ; néanmoins ils peuvent se loger dans des appartements ou maisons de type *HLM* (***council flats*** ou ***council houses***) même si un certain nombre de ces ***council flats*** ont été vendus ces dernières années. On trouve aussi de longs alignements de maisons contiguës (***terraced houses***) avec une petite cour devant (***front garden***) et un jardin derrière (***back garden***).
On peut noter par ailleurs que le "***First floor***" (1er étage en GB) correspond au rez-de-chaussée aux US.

29
20
28
18
17
31
30
26
16
27
21
25
28
27
23
19
22
24

Housing | Le logement

to move (house)	déménager
to move in	emménager
removal	déménagement
floor	étage
ground floor, *(US)* **first storey**	rez-de-chaussée
entrance	entrée
(entrance) hall	(couloir d') entrée
corridor	couloir
town house	maison en ville
country house/ cottage	maison à la campagne
flat, *(US)* **apartment**	appartement
bedsit(ter)	(petit) studio
to lodge	héberger, loger
lodging	logement, hébergement
tenant	locataire
a lease	un bail
rent(ing)	location
to rent	louer (au propriétaire)
to let	louer (au locataire)
houseowner	propriétaire (de sa propre maison)
landlord, landlady	propriétaire (qui loue)
furnished	meublé
charges	charges
bill	facture (électricité, etc.)
to mortgage	hypothéquer
to take out a mortgage	prendre un prêt immobilier/ hypothécaire
poll/council tax	taxe d'habitation
real estate	l'immobilier
a real estate agency	une agence immobilière

POUR ALLER PLUS LOIN

● Le verbe « louer » a deux traductions :
The landlord lets his flat to a tenant, le propriétaire loue son appartement à un locataire ; ***the tenant rents a flat from the landlord***, le locataire loue un appartement au propriétaire. « Chambres à louer » se dit donc ***Rooms to let***.

A lodger est un locataire qui n'occupe qu'une chambre de la maison (on lui sert souvent aussi le petit déjeuner).

● De nos jours, les grandes maisons familiales londoniennes sont parfois divisées en appartements souvent minuscules. On appelle ce processus ***converting into flats***.

Rooms and Furniture | *Les pièces et les meubles*

room	pièce
living room, lounge	salon, living
bedroom	chambre
bathroom	salle de bains
drawing room	salon (de réception)
spare room	chambre d'amis
staircase	escalier
furniture	meubles
table	table
coffee table	table basse
chair (16)	chaise
armchair	fauteuil
settee, sofa, couch	canapé
bookcase	bibliothèque
shelf (*pl.* **shelves**)	rayon, étagère
sideboard	buffet
chest of drawers	commode
cupboard	placard
wardrobe	armoire
hanger (17)	cintre
wallpaper (18)	tapisserie, papier peint
carpet (19)	tapis
wall-to-wall carpeting	moquette
curtain (20)	rideau
bed (21)	lit
mattress	matelas
duvet	couette
sheet (22)	drap
blanket (23)	couverture
pillow (24)	oreiller
pillow case	taie d'oreiller
alarm clock	réveil-matin
bath (25)	bain, baignoire
shower	douche
basin (26)	lavabo
mirror	miroir
toilet, lavatory, *(US)* **bathroom**	toilettes
toilet paper	papier hygiénique

EXPRESSIONS COURANTES

- Selon le contexte, ***room*** signifie « pièce », « chambre » ou « salle » :

There are four rooms in this flat.	Il y a quatre pièces dans cet appartement.
Go to your room!	Va dans ta chambre.
The conference room.	La salle de réunion.

- ***Is there enough room for all this?*** Y a-t-il assez de place pour tout ça ?

Heating and Lighting | *Le chauffage et l'éclairage*

fire	feu
to burn	brûler
heating	chauffage
central heating	chauffage central
to heat	chauffer
gas	gaz (de ville)
radiator (27)	radiateur
boiler	chaudière
water heater (28)	chauffe-eau
pipe	tuyau
tap, *(US)* **faucet**	robinet
air-conditioning	climatisation
lighting	éclairage
electricity	électricité
current, power	courant (électrique)
(light) bulb (29)	ampoule (électrique)
lamp, light (30)	lampe
to switch on, to turn on	allumer
to switch off, to turn off	éteindre
plug (31)	prise (mâle)
socket	prise (de courant)
to plug in, to connect	brancher
to unplug	débrancher
wire	fil
wiring	installation (électrique)
fuse	fusible, plomb
to blow a fuse	faire sauter un plomb
blackout	panne de courant
candle	bougie

POUR ALLER PLUS LOIN

● ***On*** et ***off*** s'utilisent systématiquement pour décrire l'état de marche et d'arrêt des appareils électriques :

The light is on/off.	La lumière est allumée/éteinte.
Switch the radio on/off.	Allume/éteins la radio.

● Pour baisser/monter (le son, le chauffage, l'intensité, etc.) on utilise ***down*** et ***up***.

Turn the radio up.	Mets la radio plus fort.
Turn the heating down.	Baisse le chauffage.
Speak up!	Parlez plus fort !

Attention ! On ne dit pas ***Speak down***, mais ***Keep your voice down*** (Parlez moins fort) !

Cooking and Housework | *La cuisine et le ménage*

cooker, stove	cuisinière
oven	four
microwave (oven)	four à micro-ondes
hob	plaque
refrigerator, fridge	réfrigérateur
freezer, deep freeze	congélateur
sink	évier
drainer	égouttoir
to wash the dishes, to wash up	faire la vaisselle
dishwasher	lave-vaisselle
dishcloth	torchon (à vaisselle)
to do the washing	faire la lessive
washing machine	lave-linge
iron	fer à repasser
to iron	repasser
ironing board	planche à repasser
to scrub	récurer
to rinse	rincer
to clean	nettoyer
to wipe	essuyer
to do the housework	faire le ménage
broom	balai
to sweep	balayer
vacuum cleaner, hoover	aspirateur
dust	poussière
duster	torchon, chiffon
dustpan and brush	pelle et balayette
floorcloth	serpillière
bucket	seau
to throw, to get rid of	jeter, se débarrasser de
(dust) bin, *(US)* **trash can**	poubelle
to tidy up (a room)	ranger (une pièce)

POUR ALLER PLUS LOIN

Attention ! ***To do the washing*** (faire la lessive) et ***to wash up*** ou ***to do the washing up*** (faire la vaisselle).

- Quelques adjectifs pour indiquer le degré de saleté… : ***grubby*** (sale, crasseux) ; ***grimy*** (encrassé) ; ***soiled*** (sali, souillé) ; ***filthy*** (poisseux, infect).
- … et de propreté :
shiny (reluisant) ; ***sparkling clean*** (étincelant) ; ***spotless*** (sans tache) ; ***neat*** (impeccable).

11
10
9
7
15
14
13
1
8

8

Space and Movement
Espace et mouvement

Space and Position | L'espace et la situation

space	espace
place	lieu, endroit
position	position, situation
side	côté
right	droit
left	gauche
on the right	à droite
on the left	à gauche
centre	centre
central	central
middle	milieu
in the middle	au milieu
top	sommet, haut *(n.)*
bottom	fond, bas *(n.)*
outside, exterior	extérieur
inside, interior	intérieur
end	bout, extrémité
edge	bord
rim	rebord, bord
limit	limite
somewhere	quelque part
everywhere	partout
nowhere	nulle part
elsewhere, somewhere else	ailleurs

EXPRESSIONS COURANTES

- ***Top*** et ***bottom*** :

on the top/bottom shelf	sur l'étagère d'en haut/bas
the top of the mountain	le sommet de la montagne
at the bottom of the sea	au fond de la mer
the top floor	le dernier étage
he's top of the class	c'est le premier de la classe
at the top of the list	en tête de liste

- ***I blew my top!*** — Je me suis mis en colère.

Adverbs and Prepositions | *Adverbes et prépositions*

here	ici
there	là
over there	là-bas
over here	(par) ici
next to, beside	à côté de
near to	près de
far from	loin de
beyond	au-delà
in front of	devant
behind	derrière
against	contre
opposite	en face de
among (st)	parmi
around	autour de
on	sur
by	par
over, above	(au-)dessus (de)
under, below	sous, en dessous
underneath	en dessous
in	dans
out (of)	hors (de)
outside	dehors
inside	à l'intérieur
within	au-dedans de
towards	vers
away from	(loin) de
forwards	en avant
backwards	en arrière
across	à travers
through	par
along	le long de
sideways	de côté
upwards	en haut, vers le haut
downwards	en bas, vers le bas

POUR ALLER PLUS LOIN

- Comparez le sens de ***over there*** et de ***there*** dans :
Where's my book? It's over there, on the desk. Où est mon livre ? Il est là-bas, sur le bureau.
I looked for my book on the desk but it wasn't there. J'ai cherché mon livre sur le bureau mais il n'y était pas.

- Ces trois expressions signifient « à l'envers » :
upside down (la tête en bas) ;
inside out (l'intérieur à l'extérieur) ;
back to front (le devant derrière).

(Voir aussi page 59, pour l'utilisation de quelques adverbes et prépositions de mouvement.)

Movement and Direction | Le mouvement et la direction

to move	(se) déplacer, bouger
to stop	(s')arrêter
to walk	marcher
to walk away/off	s'éloigner
to run (1)	courir
to go (away)	(s'en) aller
I'm off !	je m'en vais !
to leave	partir, quitter
to start	commencer
to start off/out, to get going	se mettre en route
to follow (2)	suivre
to head/make for	se diriger vers
to come	venir
to arrive, to get	arriver
to return	revenir, retourner
to reach	atteindre, parvenir à
to miss	manquer, rater
to approach	(s')approcher (de)
to accompany	accompagner
to rise	s'élever, monter ; se lever
to rise up	surgir, monter
to hurry	se dépêcher, se presser
to rush	se précipiter, se hâter
to enter, to go in	entrer
to leave, to go out	sortir
fast	rapide ; vite
slow	lent
quickly	rapidement, vite
slowly	lentement
stationary, immobile, still	immobile

POUR ALLER PLUS LOIN

● Pour décrire le mouvement, l'anglais utilise souvent des expressions verbales composées d'un verbe et d'une particule (adverbe ou préposition). En général, le verbe désigne le type de mouvement et la particule indique la direction du mouvement : ***He ran down***. Il est descendu en courant (« il a couru vers le bas »).

● L'utilisation des verbes ***come*** et ***go*** dépend de la position de celui qui parle. « Entrer » se traduit ainsi par ***come in*** ou ***go in***, « monter » par ***come up*** ou ***go up***, « descendre » par ***come down*** ou ***go down*** :
John : ***Come in, Mary!*** Entre, Mary ! (John est à l'intérieur.)
Peter : ***Go in, Mary!*** Entre, Mary ! (Peter est à l'extérieur.)

Actions and Gestures (1) | *Les actions et les gestes (1)*

to take	prendre
to hold	tenir
to bring (3)	apporter, amener
to take away	emporter
to lead away	emmener
to carry	porter
to catch	attraper
to drop	laisser tomber
to put down	poser
to grasp	saisir
to let go	lâcher
to raise, to move up	lever, soulever
to lower, to move down	baisser
to pull	tirer
to push	pousser
to stretch	(s')étendre
to stretch out one's arm	allonger le bras
to sit, to be seated	être assis
to sit (down) (4)	s'asseoir
to get up, to stand (up)	se lever
to lie (down)	s'allonger
to drag	traîner
to heave	hisser
to shake	agiter, secouer
to wave	agiter, brandir
to fold	plier
to attach	attacher
to scratch	(se) gratter
to bend	courber, plier
agile	agile
clumsy	maladroit
supple	souple
stiff	raide

POUR ALLER PLUS LOIN

Attention aux adverbes et prépositions de mouvement :

- *across* – ***He swam across (the river).*** Il a traversé (la rivière) à la nage.
- *through* – ***He walked through the forest.*** Il a traversé la forêt.

Across implique une idée de surface tandis que ***through*** implique une idée de volume.

- *over* – ***The plane flew over London.*** L'avion a survolé Londres.
- *away* – ***He ran away.*** Il s'est enfui.

Actions and Gestures (2) | Les actions et les gestes (2)

to turn	tourner
to cross	traverser
to step, to take a step	faire un pas
to jump (5)	sauter
jump	saut
to leap	se lancer
to slide	glisser, patiner
to slip (6)	glisser
to lose one's balance (7)	perdre son équilibre
to trip	trébucher
to stagger (8)	tituber
to fall (9)	tomber
fall	chute
to crawl	se traîner
to knock over	renverser
to climb (10)	grimper
to roll	rouler
to dive (into)	plonger (dans)
to jog	trottiner
to swing (11)	balancer, osciller
to kick (12)	donner un coup de pied à
to strike	frapper, heurter
to punch (13)	donner un coup de poing à
to shrug (one's shoulders)	hausser les épaules
to nod	dire « oui » de la tête
to shake one's head	dire « non » de la tête
to point at	montrer du doigt
to blink	cligner les yeux
to wink (14)	faire un clin d'œil
to frown (15)	froncer les sourcils

POUR ALLER PLUS LOIN

● ***To raise/to rise*** et ***to lay/to lie*** :

He raised his hand.	Il leva la main.
The sun rose at 5 a.m.	Le soleil s'est levé à 5 heures.
They laid the patient on the bed.	Ils ont allongé le malade sur le lit.
He's lying on the bed.	Il est allongé sur le lit.

● ***To have a lie in***, faire la grasse matinée.

9
Time
Le temps
1 2002
MONDAY
24 2
JUNE
3
Friday
the 1st of May, 1939
4
IT SEEMS
LIKE ONLY
ESTERDAY...

Time and its Divisions (1) | Le temps et ses divisions (1)

time	temps ; heure
epoch	époque
era	ère
age	âge, époque
century	siècle
year	an, année
annual, yearly	annuel
season	saison
spring	printemps
summer	été
autumn, *(US)* **fall**	automne
winter	hiver
calendar (1)	calendrier
quarter	trimestre
month	mois
monthly	mensuel(lement)
January	janvier
February	février
March	mars
April	avril
May	mai
June	juin
July	juillet
August	août
September	septembre
October	octobre
November	novembre
December	décembre
date (2)	date

POUR ALLER PLUS LOIN

● Dans une lettre, la date peut s'écrire de plusieurs façons : ***14th August, 2002 ; 14 August 2002 ; August 14, 2002*** ou même ***14.08.2002***.

Attention ! Les Américains écrivent souvent le mois avant le jour. ***7/8/02*** est donc compris comme ***the seventh of August 2002*** par un Anglais, et comme ***July eighth 2002*** par un Américain. Pour éviter toute confusion, il vaut donc mieux écrire le mois en lettres.

● ***980 BC***, 980 avant J.-C. ; ***980 AD***, 980 après J.-C.

Time and its Divisions (2) | *Le temps et ses divisions (2)*

week	semaine
weekly	hebdomadaire
weekend	week-end, fin de semaine
fortnight	quinzaine
day	jour, journée
daily	quotidien(nement)
Monday	lundi
Tuesday	mardi
Wednesday	mercredi
Thursday	jeudi
Friday	vendredi
Saturday	samedi
Sunday	dimanche
today	aujourd'hui
tomorrow	demain
the day after tomorrow	après-demain
yesterday	hier
the day before yesterday	avant hier
the day after, the next day	le lendemain
the day before, the previous day	la veille
dawn, daybreak	aube, point du jour
morning	matin, matinée
midday	midi
afternoon	après-midi
evening	soir
twilight	crépuscule
nightfall	tombée de la nuit
night (3)	nuit
midnight (4)	minuit
hour	heure
minute	minute
second	seconde
moment	moment
instant	instant

POUR ALLER PLUS LOIN

● L'heure en anglais :

3 a.m. (three in the morning) : 3 h.

3 p.m. (three in the afternoon) : 15 h.

half past four (four thirty) : 4 h 30/16 h 30.

quarter past five (five fifteen) : 5 h 15/17 h 15.

twenty past eleven (eleven twenty) : 11 h 20/23 h 20.

quarter to six (five forty five) : 5 h 45/17 h 45.

Adverbs and Prepositions / Adverbes et prépositions

now	maintenant
nowadays	de nos jours
early	tôt ; de bonne heure
late	tard ; en retard
always	toujours
never	(ne) jamais
ever	(à) jamais
often	souvent
rarely, seldom	rarement
once	une fois
sometimes	parfois, quelquefois
(once) again	de nouveau, encore
before, beforehand	avant, auparavant
after	après
then	ensuite
at last	enfin
for	depuis ; pendant
during	pendant
since	depuis
while	pendant
quickly, fast	rapidement, vivement
slowly	lentement
soon	bientôt
suddenly	soudain
until	jusqu'à
as soon as	aussitôt que, dès que
at once	immédiatement, tout de suite
from time to time, at times	de temps en temps, parfois
sooner or later	tôt ou tard
henceforth, from now on	désormais

POUR ALLER PLUS LOIN

● ***Since***, ***for*** et ***during*** :

He's been working here since 1980.	Il travaille ici **depuis** 1980.
He's been working here for 10 years.	Il travaille ici **depuis** 10 ans.
He worked here for 10 years.	Il travaille ici **depuis** 10 ans.
He met her during the war.	Il l'a rencontrée **pendant** la guerre.

Nouns, Verbs and Adjectives | *Noms, verbes et adjectifs*

beginning, start	début, commencement
to begin, to start	commencer
to resume	recommencer, reprendre
origin, source	origine, source
end	fin
to end, to finish	finir, terminer
delay	délai, retard
interval	intervalle, entracte
past	passé
present	présent
future	futur, avenir
next (one)	prochain, suivant
last (one)	dernier
present-day, contemporary	actuel, contemporain
recent	récent
immediate	immédiat
instant	instantané
early	tôt
late	tard
modern	moderne
new	nouveau, neuf
old	vieux, ancien
old-fashion (ed)	vieux jeu
obsolete	démodé, obsolète
permanent	permanent
passing, temporary	passager, temporaire
frequent	fréquent
eternal	éternel
to continue	continuer
to pass	passer
to repeat	répéter

EXPRESSIONS COURANTES

Attention !

Soon se traduit, selon le contexte, par « bientôt » ou par « tôt » :

See you soon!	À bientôt !
He'll soon be back.	Il sera bientôt de retour.
It's too soon to make a decision.	Il est trop tôt pour prendre une décision.
Sooner or later…	Tôt ou tard…

10

Nature
La nature

... "HEATWAVE IN LONDON:
100 DEGREES FARENHEIT
IN THE SHADE"...

The Sky and the Earth | Le ciel et la Terre

universe	univers
(outer)space	espace (intersidéral)
galaxy	galaxie
star	étoile, astre
solar system	système solaire
planet	planète
world	monde
earth	Terre
moon	lune
sky	ciel
light	lumière
shade	ombre (propre)
shadow (1)	ombre (portée)
sun (2)	soleil
sunrise	lever du soleil
sunset	coucher du soleil
to shine	briller
north	nord
south	sud
east	est
west	ouest
continent	continent
pole	pôle
the Equator	l'équateur
Tropics	tropiques
the Tropic of Cancer/ Capricorn	le tropique du Cancer/ Capricorne
the Arctic	l'Arctique
the Antarctic	l'Antarctique
temperate zone/ regions	zone tempérée
horizon	horizon

EXPRESSIONS COURANTES

● ***World, earth*** et ***moon :***

All over the world.	Dans le monde entier.
He's got a worldwide reputation.	Il est mondialement connu.
What on earth are you doing?	Que diable fais-tu ?
She's over the moon.	Elle est au septième ciel.

Geography | La géographie

geography	géographie
geology	géologie
relief	relief
ground	sol
scenery	paysage
countryside	campagne
plain	plaine
mountain (3)	montagne
ridge (4)	crête
summit (5)	sommet
peak	pic
plateau	plateau
slope	côte
hill (6)	colline
pass	col
desert	désert
forest	forêt
wood (7)	bois
wilderness	région inculte/ sauvage
jungle	jungle
savannah	savane
highland	région montagneuse
lowland	région de plaine
valley	vallée, vallon
ditch	fossé
heath(land)	landes
marsh(land)	marais
swamp	marécage
marshy, swampy	marécageux
sand	sable
mud	boue
quicksand	sable mouvant
(earth)quake	tremblement de terre
tremor	séisme

POUR ALLER PLUS LOIN

● Certains termes géographiques sont spécifiques à un pays ou à une région donnée. En Écosse on parle de ***lochs*** : il s'agit de lacs profonds (***Loch Ness*** en est le plus célèbre).

Dans les ***Midlands*** se trouvent les ***dales***, par exemple les ***Yorkshire Dales***, vallées ouvertes d'une région calcaire ; les ***fens*** sont des marais sillonnés de canaux près de Cambridge.

Aux USA, le ***MidWest*** se réfère autant à la politique qu'à la géographie : c'est la région centrale des USA, agricole et conservatrice.

Lorsqu'on parle du ***Delta*** aux USA, on pense moins à l'Égypte qu'au fameux delta du Mississippi, avec ses ***bayous*** (marais), ses ***oxbows*** (bras morts) et ses ***alligators***.

Metals and Minerals | *Les métaux et les minéraux*

mineral	minéral
metal	métal
ore	minerai
stone	pierre
rock (8)	rocher, roche
rocky	rocheux
cave (9)	caverne
grotto	grotte
to mine	exploiter (un gisement)
mining	exploitation minière
mine	mine
to excavate, to dig	creuser
to extract, to dig up	extraire
quarry	carrière
raw materials	matières premières
coal	charbon
(crude) oil	pétrole
gold	or
silver	argent
iron	fer
steel	acier
copper	cuivre
lead	plomb
tin	étain ; fer-blanc
uranium	uranium
chalk	craie, calcaire
clay	glaise
slate	ardoise
marble	marbre
crystal	cristal
gold-digger	chercheur d'or

EXPRESSIONS COURANTES

● ***A heart of gold,*** un cœur d'or
a heart of stone, a flinty heart, un cœur de pierre (***flint***, le silex)

Attention à la différence entre ***golden*** (doré) et ***gold*** (en or) :
the golden corn, le blé doré
a gold ring, une bague en or

Mais :
a golden opportunity, une occasion en or
the golden age, l'âge d'or

Seas and Rivers | Les mers et les rivières

sea (10)	mer
ocean	océan
wave (11)	vague
salt/fresh water	eau salée/douce
high tide	marée haute
low tide	marée basse
island	île
peninsula	presqu'île
coast	côte
cliff (12)	falaise
seashore	bord de la mer, rivage
sea bed	fond de la mer
beach (13)	plage
bay	baie
gulf	golfe
cape (14)	cap
port	ville portuaire
harbour	port
river	fleuve ; rivière
brook, stream creek	ruisseau
current	courant
spring	source
flood	inondation
flooded	inondé
lake	lac
pond	pièce d'eau, étang
pool	mare
puddle	flaque
canal	canal
bridge	pont
lock	écluse

POUR ALLER PLUS LOIN

He's all at sea.	Il nage complètement, il est totalement largué.
She's riding the rest of a wave.	Elle est dans une bonne passe.
Any port in a storm.	Nécessité fait loi.
His popularity is at a low ebb.	Sa cote auprès du public est au plus bas. (***ebb***, reflux).

● ***A cliff-hanger*** est une situation très périlleuse (l'image est de quelqu'un qui s'agrippe désespérément au-dessus de l'abîme).

Attention !

La Manche s'appelle ***the Channel*** (quelquefois même ***the English Channel***). Le tunnel sous la Manche se dit ***the Channel Tunnel***, familièrement ***the Chunnel***.

Climate and Weather (1) | Le climat et le temps (1)

atmosphere	atmosphère
air	air
weather	temps
weather forecast	bulletin météorologique
temperature	température
thermometer (15)	thermomètre
degree	degré
cold	froid
hot	chaud
heat	chaleur
sunny	ensoleillé
fog	brouillard
mist	brume
cloud	nuage
cloudy	nuageux
overcast	couvert
rain	pluie
to rain	pleuvoir
rainy	pluvieux
drop (of rain)	goutte (de pluie)
drizzle	bruine
shower	averse
snow	neige
to snow	neiger
hail	grêle
ice	glace
to freeze	geler
frost	gel
thaw	dégel
to melt	fondre

POUR ALLER PLUS LOIN

- Pour convertir des degrés Farenheit en centigrades, on soustrait 32 et on multiplie par 5/9 (32 Farenheit = 0 centigrade). Pour l'autre sens, on multiplie par 9/5 et on ajoute 32.
- Quelques expressions pour parler du temps :

The weather's fine.	Il fait beau.
It's hot/cold.	Il fait chaud/froid.
It's freezing cold.	Il fait un froid de canard.
It's raining cats and dogs.	Il pleut des cordes.
It's pouring (with rain).	Il pleut à verse.

- L'équivalent (relatif) des « giboulées de mars » en Angleterre est les ***April showers***.

Climate and Weather (2) | *Le climat et le temps (2)*

mild	tempéré, doux
dry	sec
drought	sécheresse
wet, damp	moite, humide
steam	vapeur
clear	clair
close, muggy *(fam.)*	lourd (temps)
wind	vent
breeze	brise
gale	grand vent
to blow	souffler
(thunder)storm	orage
tempest	tempête
hurricane	ouragan
thunder	tonnerre
lightning	foudre
flash/bolt of lightning	éclair
rainbow	arc-en-ciel
dark	sombre, obscur
darkness	obscurité

EXPRESSIONS COURANTES

● ***Wind*** :

It's an ill wind that blows nobody any good.	À quelque chose malheur est bon.
They've got wind of it.	Il en ont eu vent.
There's something in the wind.	Il y a quelque chose dans l'air.

● ***Thunderstruck*** :

The tree was struck by thunder.	L'arbre a été frappé par la foudre.
Mais :	
I was thunderstruck by the news.	J'ai été atterré par la nouvelle.

3
5
2
8
4

11
Plants
Les plantes
6
1
11
7
13
12
10
9
14

Trees and Plants | Arbres et plantes

wood	bois
tree	arbre
fruit tree (1)	arbre fruitier
trunk (2)	tronc
branch (3)	branche
twig	brindille
root (4)	racine
bark	écorce
leaf (5)	feuille
oak	chêne
plane tree	platane
ash tree	frêne
beech tree	hêtre
birch tree (6)	bouleau
chestnut tree	châtaignier
elm tree	orme
fir tree (7)	sapin
holly (tree)	houx
horse chestnut	marronnier d'Inde
maple	érable
pine tree	pin
pine cone	pomme de pin
sycamore	sycomore
weeping willow	saule pleureur
yew	if
redwood	séquoia
reed	roseau
moss	mousse
bramble	ronce
fern	fougère
ivy (8)	lierre
mushroom	champignon
to prune	tailler
to grow	croître, pousser

POUR ALLER PLUS LOIN

● Il n'existe pas de suffixe spécifique pour désigner un lieu planté de certaines variétés d'arbres comme le suffixe « -aie » en français (chêne, chênaie).

● On dira : ***oak-wood*** (la chênaie) ; ***cherry orchard*** (la cerisaie) ; ***chestnut grove*** (la châtaigneraie) ; ***pine forest*** (la pinède).

Attention ! le mot ***wood*** (tout comme « bois » en français) désigne à la fois l'ensemble d'arbres et la matière.

● « Abattre un arbre » se dit ***to cut down*** ou ***to fell a tree***. Il en résulte des ***logs*** (des rondins) et ***a stump*** (une souche).

Plants and Flowers | Plantes et fleurs

flower	fleur
stem, stalk (9)	tige
bud	bourgeon, bouton
petal (10)	pétale
buttercup	renoncule, bouton d'or
daisy	pâquerette
geranium (11)	géranium
lily (12)	lis
lily of the valley	muguet
pansy	pensée
(field) poppy	coquelicot
primrose	primevère
daffodil	jonquille
rose (13)	rose
rose tree/bush	rosier
sunflower	tournesol
tulip	tulipe
lilac	lilas
violet	violette
marigold	souci
cornflower	bleuet
snowdrop	perce-neige
honeysuckle	chèvrefeuille
grass (14)	herbe
dandelion	pissenlit
weeds	mauvaises herbes
bush	arbuste
to fade, to wither	faner
to flower	fleurir
to bloom	éclore
to cut	couper
to pick	cueillir

EXPRESSIONS COURANTES

Attention : ***to pick*** (cueillir) et ***to pick up*** (ramasser) :

They went picking flowers in the wood.	Ils sont allés cueillir des fleurs dans le bois.
Pick up that paper!	Ramasse ce papier !
● ***To nip something in the bud.***	Écraser quelque chose dans l'œuf.
To beat about the bush.	Tourner autour du pot.

12

Vegetables and Fruit
Légumes et fruits

10
11
3
8
7
4
9
12
18
2
6
22
15
13
1
14

Vegetables | Les légumes

vegetable	légume	**cucumber** (7)	concombre
potato (1)	pomme de terre	**celery**	céleri
carrot (2)	carotte	**leek** (8)	poireau
turnip	navet	**pulses**	légumineuses
swede	rutabaga	**(Brussels) sprout**	chou de Bruxelles
cabbage (3)	chou	**broccoli** *(pl.)*	brocoli
cauliflower	chou-fleur	**spinach** *(sg.)*	épinards
lettuce (4)	laitue, salade verte	**parsley**	persil
pea(s) (5)	petit(s) pois	**tomato** (9)	tomate
(green) bean(s)	haricot(s) vert(s)	**onion** (10)	oignon
broadbean	fève	**garlic** (11)	ail
watercress	cresson (d'eau)	**shallot**	échalote
cress	cresson (alénois)	**pepper, capsicum**	poivron
beetroot	betterave	**marrow**	courge
radish (6)	radis	**pumpkin** (12)	citrouille
eggplant	aubergine		
zucchini *(US)*	courgette		

POUR ALLER PLUS LOIN

- Les Américains appellent l'aubergine ***eggplant*** et les courgettes ***zucchini***, tandis que les Anglais utilisent les mots français ***aubergine*** et ***courgette***.

- ***He went as red as a tomato/as a beetroot.*** Il est devenu rouge comme une pivoine.
They're like two peas in a pod. Ils se ressemblent comme deux gouttes d'eau.
I don't have a bean left. Je suis fauché.

Fruit | *Les fruits*

apple (13)	pomme
pear (14)	poire
plum (15)	prune
peach	pêche
apricot	abricot
(white/red) cherry (16)	cerise (blanche/ rouge)
berry	baie
strawberry (17)	fraise
raspberry (18)	framboise
blackberry	mûre
redcurrant	groseille
grapes *(pl.)*	raisin
bunch	grappe
orange (19)	orange
lemon (20)	citron
lime	citron vert
tangerine, mandarin	mandarine
pineapple	ananas
grapefruit	pamplemousse
fig	figue
date	datte
banana	banane
nut	fruit à écale
hazelnut	noisette
chestnut	châtaigne, marron
walnut (21)	noix
olive	olive
pip	pépin
kernel, stone (22)	noyau
fresh	frais
juicy	juteux
rotten	pourri
ripe	mûr
unripe, green	vert
to gather	cueillir

POUR ALLER PLUS LOIN

- Pour former le nom des arbres fruitiers, on ajoute ***-tree*** au nom du fruit : ***apple-tree*** (pommier), ***plum-tree*** (prunier), etc.
- « Pruneau » se traduit par ***prune*** et « prune » par ***plum***. Un « (grain de) raisin » est ***a grape***, tandis que « la grappe » est ***a bunch of grapes***. ***Raisins*** et ***sultanas*** désignent deux types de raisins secs.
- ***He is the apple of my eye.*** — Il est la prunelle de mes yeux.
  Don't just stand there like a lemon! — Ne reste pas là planté comme un poireau !
- ***An apple a day keeps the doctor away.*** (Avec le sens de : « en mangeant une pomme par jour vous resterez en bonne santé. »)

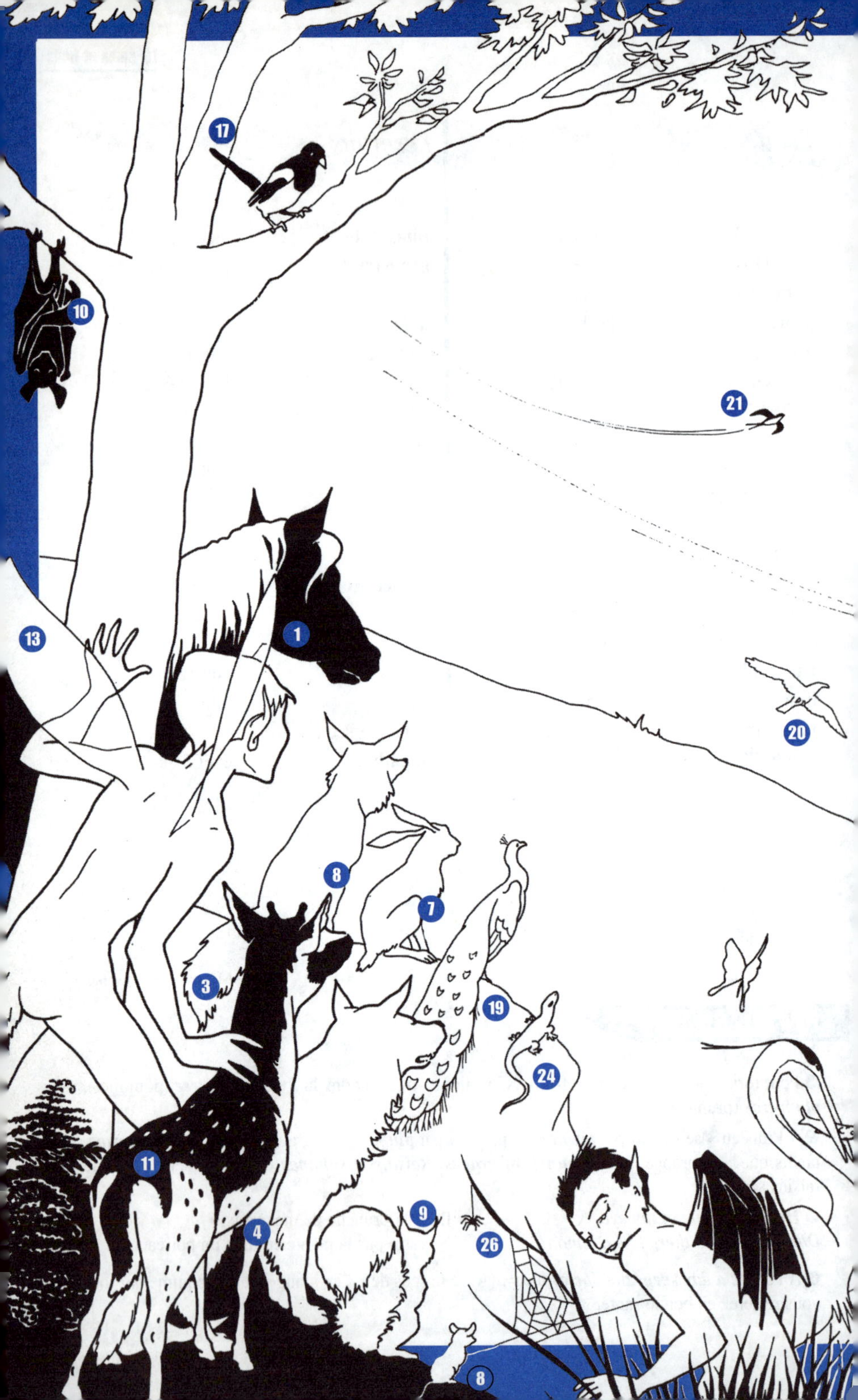
17
10
21
1
13
20
8
7
3
19
24
11
9
4
26

13

Animals
Les animaux

Domestic Animals | Animaux domestiques

pet	animal domestique
cat	chat
to mew, to miaow	miauler
dog	chien
bitch	chienne
to bark	aboyer
horse (1)	cheval
stallion	étalon
mare	jument
foal	poulain
to neigh	hennir
bull	taureau
ox (*pl.* **oxen**)	bœuf
calf	veau
cow	vache
to low, to moo	meugler, mugir
sheep (*pl.* **sheep**)	mouton
ram	bélier
ewe	brebis
lamb	agneau
flock	troupeau
to bleat	bêler
goat (2)	chèvre
mule	mule
donkey, ass	âne
pig	cochon
sow	truie
rabbit	lapin
tail (3)	queue
paw (4)	patte
hoof (*pl.* **hooves**)	sabot (du cheval)
horn (5)	corne
fowl	oiseaux de basse-cour
goose (*pl.* **geese**)	oie
turkey	dinde
hen	poule
chicken	poulet
cock, cockerel	coq
chick	poussin
duck (6)	canard ; cane
drake	canard (mâle)

POUR ALLER PLUS LOIN

- Voici quelques onomatopées décrivant les sons produits par les animaux domestiques : ***miaow*** (chat) ; ***bow-wow/woof*** (chien) ; ***cock-a-doodle-doo*** (coq) ; ***baa*** (mouton) ; ***oink*** (cochon) ; ***moo*** (vache) ; ***gobble-gobble*** (dindon).

-

to rabbit on	parler sans arrêt
a sheepish look	un air penaud
it's weather fit for the ducks	il fait un temps de chien
a catty person	une mauvaise langue

Wild Animals | *Animaux sauvages*

wild	sauvage
hare (7)	lièvre
mouse (*pl.* **mice**)	souris
rat	rat
fox (8)	renard
vixen	renarde
wolf (*pl.* **wolves**)	loup
lion, lioness	lion, lionne
tiger, tigress	tigre, tigresse
to roar	rugir
bear	ours
camel	chameau
hump	bosse
giraffe	girafe
elephant	éléphant
tusk	défense
trunk	trompe
ivory	ivoire
mole	taupe
squirrel (9)	écureuil
hedgehog	hérisson
bat (10)	chauve-souris
deer (11)	cerf, daim
stag	cerf
doe	biche
boar	sanglier
whale	baleine
dolphin	dauphin
seal	phoque
sea-lion	otarie
monkey	singe
fur (12)	fourrure, pelage
furry	poilu, à poil
burrow	terrier
den	tanière
to bite	mordre
to scratch	griffer
fierce	féroce
prey	proie

POUR ALLER PLUS LOIN

- Voici quelques adjectifs et verbes dérivés de noms d'animaux…

She's a mousey little girl.	C'est une petite fille timide/effacée.
Stop monkeying about.	Arrête de faire l'imbécile.
They wolfed it all down.	Ils ont tout englouti.
He ratted on us.	Il nous a dénoncés.
He was ratty this morning.	Il était de mauvais poil ce matin.

- … et quelques comparaisons avec le monde animal :

as blind as a bat	myope comme une taupe
as brave as a lion	courageux comme un lion
as quiet as a mouse	discret/effacé « comme une souris »

Birds and Fish | *Oiseaux et poissons*

bird	oiseau
to fly	voler
to lay	pondre
to sing	chanter
beak	bec
wing (13)	aile
feather (14)	plume
talons	serres
claw	griffe
nest (15)	nid
blackbird	merle
crow (16)	corbeau
cuckoo	coucou
dove	colombe
eagle	aigle
falcon, hawk	faucon
lark	alouette
magpie (17)	pie
nightingale	rossignol
ostrich	autruche
owl (18)	chouette, hibou
parrot	perroquet
duck	canard
turkey	dinde
goose	oie
guinea hen	pintade
peacock (19)	paon
penguin	pingouin
robin	rouge-gorge
seagull (20)	mouette
starling	étourneau
stork	cigogne
swallow (21)	hirondelle
swan (22)	cygne
woodpecker	pivert
fish	poisson
anchovy	anchois
carp	carpe
cod	morue
eel	anguille
salmon	saumon
sardine	sardine
shark	requin
trout	truite
tunny, tuna	thon
fin	nageoire
shoal	banc (de poissons)
bass	perche (eau douce)
seabass	bar ou loup
pike	brochet

POUR ALLER PLUS LOIN

A bird in the hand is worth two in the bush.	Un tiens vaut mieux que deux tu l'auras.
The early bird catches the worm.	Le monde appartient à ceux qui se lèvent tôt.
Birds of a feather flock together.	Qui se ressemble s'assemble.

Molluscs, Insects and Reptiles | *Mollusques, insectes et reptiles*

reptile	reptile
snake (23)	serpent
rattlesnake	serpent à sonnette
lizard (24)	lézard
adder, viper	vipère
venom	venin
venimous, poisonous	venimeux
grass snake	couleuvre
tortoise	tortue
turtle	tortue (de mer)
frog (25)	grenouille
toad	crapaud
insect	insecte
ant	fourmi
bee	abeille
beehive	ruche
to sting	piquer
sting	aiguillon ; piqûre
wasp	guêpe
hornet	frelon
fly	mouche
to buzz	bourdonner
grasshopper	sauterelle
mosquito	moustique
butterfly	papillon
dragonfly	libellule
spider (26)	araignée
web	toile d'araignée
(earth) worm	ver (de terre)
snail (27)	escargot
beetle	scarabée
cockroach, *(US)* **roach**	cafard
flea	puce
caterpillar	chenille
slug	limace
centipede, millepede	mille-pattes
shrimp	crevette
shell	coquillage
oyster	huître
mussel	moule
crab	crabe
lobster	langouste
crayfish	écrevisse
octopus	pieuvre

POUR ALLER PLUS LOIN

Attention ! Le verbe « piquer » se traduit par ***sting*** ou ***bite*** : ***a bee stings*** mais ***a mosquito bites***.

● ***To bite off more than one can chew.***
Avoir les yeux plus grands que le ventre.

You're going at a snail's pace/you're as slow as a tortoise.
Vous allez à une allure d'escargot.

He's spinning a web (of deceit).
Il trame un complot.

He's a snake in the grass.
Il est perfide/C'est une vipère.

● ***Once bitten, twice shy.***
Chat échaudé craint l'eau froide.

14
Agriculture and Gardening
Agriculture
et jardinage
1
2
3
4
5
6
7
8
9
10
11
12
13
14
15

Agriculture | L'agriculture

country	campagne
countryside	campagne ; paysage
wheat	blé
barley	orge
oat	avoine
maize, *(US)* **corn**	maïs
straw	paille
hay (1)	foin
to plough, *(US)* **plow**	labourer
farming	culture
to sow	semer
to harvest	moissonner
harvest	moisson
crop	récolte
rural	rural
village (2)	village
farm (3)	ferme
barm *(US)*	grange
vineyard	vignoble
farmer (4)	fermier
livestock (5)	bestiaux, bétail
cattle	bétail, bovins
flock	troupeau
poultry (6)	volaille
field (7)	champ
pasture (8)	pâturage, pré
meadow, *(US)* **prairie**	prairie
tractor (9)	tracteur
to reap	moissonner, récolter
combine-harvester	moissonneuse-batteuse
manure	fumier
fertilizer	engrais
seed	semence, graine
dairy	laiterie
dairy products	produits laitiers

POUR ALLER PLUS LOIN

Attention ! ***Corn*** signifie « maïs » en anglais américain mais est utilisé en anglais britannique pour désigner le blé.

Farmer se traduit par « agriculteur », « cultivateur » ou « fermier ».

● ***You reap what you sow.***	Qui sème le vent récolte la tempête.
To be herded/treated like cattle.	Être traité comme du bétail.
To make hay while the sun shines.	Battre le fer pendant qu'il est chaud.
To look for a needle in a haystack.	Chercher une aiguille dans une meule de foin.

Gardening | Le jardinage

garden	jardin
orchard	verger
shrub	arbuste
lawn	gazon, pelouse
border	plate-bande
flowerbed	parterre, massif
turf	motte de gazon
greenhouse	serre
garden shed	cabane (dans le jardin)
fence (10)	barrière, palissade
hedge	haie
kitchen garden	potager
vegetable patch	carré de légumes
to plant	planter
to pull up	arracher
to dig	creuser, bêcher
to water	arroser
watering can (11)	arrosoir
garden hose (12)	tuyau d'arrosage
fishpond	pièce d'eau
lawnmower	tondeuse
rake (13)	râteau
shears	sécateur
spade	bêche
fork (14)	fourche
trowel	déplantoir
flower pot	pot de fleurs
allotment	lopin de terre
footpath	allée
bench (15)	banc
swing	balançoire

POUR ALLER PLUS LOIN

- En Angleterre, les jardins « naturels » (à l'anglaise) entourent quelquefois de belles propriétés à la campagne (***country houses***). Ils datent souvent du XVIIe et du XVIIIe siècle et sont d'un tracé très libre comparés aux jardins à la française (***formal gardens***).
- ***To call a spade a spade.*** Appeler un chat un chat.

The grass is always greener on the other side (of the fence). L'herbe est toujours plus verte dans le pré du voisin.

To sit on the fence. Ménager la chèvre et le chou.

Town Life
La vie urbaine

The Town (1) | *La ville (1)*

to go into/ up to town	aller en ville
city	grande ville
the City	quartier financier de Londres
capital	capitale
area, *(US)* **neighbourhood**	quartier
Chinese/ Italian quarter	quartier chinois/ italien
city/town centre *(US)* **downtown**	centre ville
shopping centre	centre commercial
residential area	quartier résidentiel
pedestrian precinct	quartier piétonnier
suburbs	banlieue
town planning	urbanisme
outskirts, surroundings	faubourgs
slum	taudis
shanty town	bidonville
street, road	rue
kerb	bord du trottoir
pavement, *(US)* **sidewalk**	trottoir
corner	coin
way	chemin
directions	directions
to get lost	se perdre
tourist office	office du tourisme
noise	bruit
noisy	bruyant
lively	mouvementé
quiet	tranquille

EXPRESSIONS COURANTES

How do I get to the British Museum, please?

Could you tell me the way to the British Museum, please?

Is there a post office near here, please?

Where's the nearest bus stop, please?

How far is it to Buckingham Palace, please?

Attention ! *To commute* : faire la navette. Une personne qui habite la banlieue, par exemple, et va travailler en ville est ***a commuter***.

The Town (2) | *La ville (2)*

block	pâté de maisons ; immeuble
(housing) estate	lotissement
park (1)	parc
building (2)	immeuble, bâtiment
building plot	terrain à bâtir
building site	chantier
office block (3)	immeuble de bureaux
skyscraper	gratte-ciel
tower (4)	tour
(multistorey) carpark	parking (à niveaux multiples)
(railway) station	gare (ferroviaire)
town hall	hôtel de ville, mairie
cathedral	cathédrale
church (5)	église
cemetery	cimetière (en ville)
museum	musée
zoo, zoological garden	zoo, jardin zoologique
theatre	théâtre
opera house	opéra
concert hall	salle de concert
library	bibliothèque
monument (6)	monument
statue	statue
square	square ; place
lamppost	lampadaire
public garden	jardin public
bench	banc
sewers	égouts

POUR ALLER PLUS LOIN

● En anglais britannique, ***block*** signifie « pâté de maisons » ou « immeuble » :

He walked around the block. Il a fait le tour du pâté de maisons.

She lives in this block of flats. Elle habite dans cet immeuble.

● En anglais américain, ***block*** est souvent utilisé comme synonyme de ***street*** (rue) et comme moyen de mesurer les distances :

Third block on the left. La troisième rue à gauche.

Someone new on the block. Quelqu'un de nouveau dans la rue.

Inhabitants and Transport | Les habitants et les transports

city dweller	citadin
neighbour	voisin
passer-by	passant
pedestrian (7)	piéton
to cross	traverser
pedestrian crossing	le passage piétons
crossroads	croisement, carrefour
trafic light(s)	feux tricolores
one-way street	rue à sens unique
dead end	impasse
cul-de-sac	
bottleneck	bouchon
trafic jam	embouteillage
bus	bus
bus stop	arrêt de bus
interchange	échangeur routier
parking area	aire de stationnement
coach, *(US)* **bus**	car
conductor	receveur
driver	conducteur
passenger	passager
taxi, cab	taxi
taxi rank	station de taxis
meter	taximètre
policeman	policier
police officer	agent de police
police car	voiture de police
trafic warden	contractuelle
rush hour	heure de pointe
underground, tube ; *(US)* **subway**	métro
tube station	station de métro
roundabout	sens giratoire, rond-point

POUR ALLER PLUS LOIN

● Dans la plupart des bus urbains et des cars en Grande-Bretagne et aux USA on achète son billet dans le véhicule, auprès du chauffeur.
Dans les ***doubledeckers*** londoniens (les célèbres bus rouges à deux étages), le chauffeur reste dans sa cabine tandis que le ***conductor*** (le receveur) vent les billets :

Any more fares please? Tickets, messieurs-dames !

One to Harrods, please. Un billet pour Harrods, SVP.

● Le ***subway*** de New York est à tarif unique, mais les tarifs du ***underground*** londonien (***the Tube***) sont proportionnels à la distance parcourue. Mieux vaut acheter une ***Travelcard***, l'équivalent de notre « carte orange »…

I've been (wheel) clamped! On m'a mis un sabot (de Denver) !
He got a parking ticket. Il a reçu un PV.

Public Utilities | Les services publics

post office	(bureau de) poste
post, *(US)* **mail**	courrier
letter	lettre
postcard	carte postale
envelope	enveloppe
stamp	timbre (poste)
to stick	coller
to send	envoyer
postman, *(US)* **mailman**	facteur
postbox, pillar box, *(US)* **mailbox**	boîte aux lettres
to post	mettre à la poste
urgent, express	express
giro	mandat
postal order	chèque postal
telephone	téléphone
cordless telephone	téléphone sans fil
to (tele)phone, to call	téléphoner
telephone box, *(US)* **phonebooth**	cabine téléphonique
an answering machine	répondeur
to go ex-directory	être sur la liste rouge
receiver, handset	récepteur
to pick up the receiver	décrocher le combiné
to hang up	raccrocher
number	numéro
to dial a number	composer un numéro
emergency services	services d'urgence
telephone directory/ book	annuaire
fire	incendie
fireman	pompier
fire engine, *(US)* **truck**	voiture de pompiers
to go to the assistance of	secourir, assister
dustman, *(US)* **garbage man**	éboueur

POUR ALLER PLUS LOIN

- Pour appeler les services d'urgence (***Emergency Services***) en Grande-Bretagne, on compose le numéro central 999 (appel gratuit), on attend la question ***'Which service, please?'*** et on demande le service respectif : ***ambulance, police*** ou ***fire***.

I'd like to send a telemessage/(US) cable.	J'aimerais envoyer un télégramme.
Could I use the phone please?	Pourrais-je utiliser le téléphone, SVP ?
Yes, but it's a cardphone/a coinbox.	Oui, mais c'est un téléphone à carte/à pièces.
What's the code for Paris?	Quel est l'indicatif de Paris ?
Where's the nearest pillar box/postbox?	Où se trouve la boîte aux lettres la plus proche ?

Attention ! En Grande-Bretagne ***a letterbox*** est la boîte aux lettres individuelle.
(Voir vocabulaire sciences et techniques, page 158.)

... AND BUY SOME SOAP AT THE HARDWARE SHOP!...
THE BEST BRAND NAME FOR FINE FOOD!
Smith's
RESTAURANT
6
GREENGROCER
Mac Do
8
LILI & LOLA
The Snark BOOKSHOP
THE FRENCHIE'S
HAIR SALON
11
9
10
FRENCH BAKERY

16

Commerce
Le commerce

Shops | *Les magasins*

shop, *(US)* **store**	magasin
baker's, bakery	boulangerie
bookshop, bookstore	librairie
butcher's	boucherie
chemist's, pharmacy (1)	pharmacie
cobbler's, shoe repairer's	cordonnerie
delicatessen, deli	épicerie fine
dry cleaner's	pressing, teinturerie
fishmonger's	poissonnerie
florist's, flower shop (2)	fleuriste
greengrocer's	fruiterie, primeur
grocery, grocer's	épicerie
haberdasher's, *(US)* **notions store**	mercerie
hairdresser's	salon de coiffure
hardware shop	droguerie
ironmonger's	quincaillerie
jeweller's (3)	bijouterie
laundry	blanchisserie
launderette	laverie automatique
newsagent's	magasin de journaux
news stand	kiosque
stationer's, stationery shop	papeterie
tobacconist's	tabac, bureau de tabac
travel agency	agence de voyages
market	marché
supermarket (4)	supermarché
hypermarket	hypermarché
department store	grand magasin
fair	foire
trolley (5)	chariot, caddie
(shop) sign (6)	enseigne
shop window (7)	vitrine
shop front (8)	devanture
to stand in a queue, *(US)* **line**	faire la queue
chain store	chaîne de magasin
branch	succursale

POUR ALLER PLUS LOIN

- ***'S*** s'utilise dans la plupart des noms de magasins et de commerces ci-dessus. Il s'agit d'un cas possessif, le mot ***shop*** étant sous-entendu : ***the baker's (shop), the jeweller's (shop)***, etc.
- Cette même forme apparaît souvent dans les expressions équivalentes aux constructions françaises avec « chez » :

Let's go to Jane's. Allons **chez** Jane.
I spent the week-end at my mother's. J'ai passé le week-end **chez** ma mère.
Dans ce cas, évidemment, le mot sous-entendu est ***home*** ou ***house***.

Attention !

En Angleterre, les timbres sont vendus presque exclusivement dans les bureaux de poste et aucun café ne fait office de tabac.

Hotels and Restaurants | *Hôtels et restaurants*

hotel	hôtel
hotelier	hôtelier
bed and breakfast	demi-pension
(youth) hostel	auberge de jeunesse
guest house	pension de famille
inn	auberge
to stay at	loger à
to book into	descendre (dans un hôtel)
to book, to reserve	réserver
restaurant	restaurant
catering	restauration
waiter (9)	serveur
to accomode	loger
accomodation	logement
to check in, out	accomplir les formalités d'arrivée et de départ dans un hôtel
waitress	serveuse
manager	patron
bar	bar
pub	pub
snack bar, café	café, snack-bar
self-service	self(-service)
to open	ouvrir
to close	fermer
to serve	servir
to order	commander
order	commande
to settle	régler
bill, *(US)* check	addition
tip	pourboire
service	service
(not) included	(non) inclus
reception desk	réception

POUR ALLER PLUS LOIN

- Dans les fameux pubs anglais, on commande à boire toujours au comptoir, et on règle tout de suite. On peut boire ensuite soit en salle, soit au comptoir. Le prix en est le même. Aux USA, la salle est souvent bien plus chère que le comptoir (***the bar***).
Les moins de 18 ans n'ont pas le droit de pénétrer dans les *pubs* ou *bars* : dans certains États américains l'âge légal peut s'élèver à 21 ans !
- ***At a hotel:***

Do you have a room free? Avez-vous une chambre de libre ?
(**Attention !** ***a free room*** est une chambre gratuite !)

Yes, single or double? Une chambre pour une ou deux personnes ?

Double with a bath, please. Une chambre double avec salle de bains.

Buying and Selling | Acheter et vendre

to buy	acheter
to sell	vendre
to purchase	acheter
purchase	achat, emplette
selling, sale	vente
for sale	à vendre
to cost	coûter
cost	coût
price	prix
sale (goods)	soldes
cut-price	à prix réduit
reduction, discount	rabais
bargain	bonne affaire
dealer	marchand
retailer	détaillant
second-hand	d'occasion
to be worth	valoir
customer, client	client
to bargain	marchander
wholesaler	grossiste
to help, to assist	servir
make, brand	marque
stock	stock
to stock	avoir (en stock)
goods, merchandise	marchandises
item, article (10)	article
sample	échantillon
to deliver	livrer
till, check-out	caisse
counter	comptoir
shop assistant (11)	vendeur
to wrap (up)	emballer
to shop, to go shopping	faire des courses
to go window shopping	faire du lèche-vitrine
good value	bon rapport qualité prix

EXPRESSIONS COURANTES

Is anyone helping you/seeing to you?	Est-ce qu'on vous sert ?
Can I help you?	Vous désirez ?
I would like to see that coat in the window.	J'aimerais voir ce manteau en vitrine.
How much is that altogether?	Ça fait combien en tout ?
Do you have anything less expensive/ anything cheaper?	Auriez-vous quelque chose de moins cher ?

17 Money
L'argent

Money | *L'argent*

coin (1)	pièce (de monnaie)	**subsidy**	subvention, allocation
cash (2)	argent liquide, espèces	**to inherit**	hériter
		inheritance	héritage
change	monnaie (rendue)	**to spend**	dépenser
note (3)	billet	**to possess**	posséder
pound (sterling)	livre (sterling)	**possessions**	biens
sum	somme	**to pay (for)**	payer
amount	montant	**to keep**	garder
rich (4)	riche	**to share (out)**	partager
wealth	richesse	**share**	part
poor	pauvre	**to acquire**	acquérir, obtenir
pauper	pauvre *(n.)*		
poverty	pauvreté	**to barter**	troquer
beggar	mendiant	**economical**	économique
miser	avare *(n.)*	**expensive, dear**	cher
luxury	luxe	**cheap**	bon marché
treasure	trésor	**free (of charge)**	gratuit
will	testament	**to afford (to)**	se permettre (de)
currency	devise	**in kind**	en nature
welfare	aide sociale		

EXPRESSIONS COURANTES

Attention au sens des deux adjectifs ***economical*** (économique, peu cher) et ***economic*** (économique, d'économie) :

an economical car	une voiture qui consomme peu
an economic magazine	une revue d'économie

● L'emploi de ***to buy*** est à noter dans l'expression suivante :

Let me buy you a beer!	Puis-je t'offrir une bière ?

Economic Life — La vie économique

to earn	gagner
bank	banque
cheque, *(US)* **check**	chèque
chequebook	carnet de chèques
stub	talon
credit card	carte de crédit
(bank) transfer	virement
overdraft	(compte à) découvert
overdrawn	à découvert
credit	crédit
(current) account	compte (courant)
direct debit	prélèvement
foreign till	bureau de change
to exchange	changer
exchange rate	taux de change
to cash	encaisser, payer (un chèque)
traveller's cheque, **check** *(US)*	chèque de voyage
money dispenser	distributeur
to save	économiser
saving account	compte d'épargne
safe (5)	coffre-fort
insurance	assurance
life insurance, assurance	assurance-vie
to draw out, to withdraw (money)	retirer (de l'argent)
to lend	prêter
loan	prêt
to borrow	emprunter
to pay back	rembourser
mortgage	hypothèque
debt	dette
value	valeur
interest	intérêts
interest rate	taux d'intérêt

POUR ALLER PLUS LOIN

- « Gagner » se traduit de différentes façons en anglais : ***to win*** (jeu, compétition, etc.), ***to earn*** (gagner par son travail), ***to gain*** (obtenir, augmenter, etc.) :

to win a medal/the lottery	gagner une médaille/au loto
to earn a salary/a living	gagner un salaire/sa vie
to gain time/weight	gagner du temps/prendre du poids

- Les devises (***currency***) : en Grande-Bretagne c'est la livre (la GB n'ayant pas encore adopté la monnaie européenne), ***the pound (sterling)***, (£) divisée en cent ***pence (p.)***.
- On dit souvent ***'pi'*** pour ***'pence'***. L'ancien système £1 = 20 ***shillings*** = 240 ***d*** (***pennies***) a été abandonné en 1971.

Aux USA, ***one dollar*** = 100 ***cents***. ***A quarter*** = 25 ***cents***, ***a dime*** = 10 ***cents***, ***a nickel*** = 5 ***cents***.

Business | *Les affaires*

business	affaires
businessman	homme d'affaires
businesswoman	femme d'affaires
economy	économie
property	propriété, biens
owner	propriétaire, possesseur
order	commande
to order	commander
delivery	livraison
to demand	revendiquer, exiger
capital	capital
expenses	dépenses
costs	frais
budget	budget
Stock Exchange, *(US)* **Market**	Bourse
shares, stocks	actions
shareholder	actionnaire
bonds	obligations
product	produit
valuables (6)	objets de valeur
to invest	investir, placer
investment	investissement
firm	entreprise
company	société
report	rapport, bilan
profit	bénéfice
loss	perte
bankruptcy	faillite
tax	impôt
income tax	impôt sur les revenus
VAT (Value Added Tax)	TVA

POUR ALLER PLUS LOIN

● En Grande-Bretagne, l'indice de la Bourse (***Stock Exchange***) est fourni par une filiale du ***Financial Times*** (grand quotidien financier) et s'appelle la ***FT Index, F 100 Index***, ou, affectueusement, le ***footsie*** (affectueusement, car ***to play footsie*** veut dire « faire du pied »). À Wall Street, on parle du ***Dow Jones Index***. Une période de catastrophe financière est ***a crash*** (un krach) ; son contraire est ***a boom***. ***Depression***, aux USA, désigne la crise historique de 1929.

18

Counting and Calculating
Compter et calculer

Numbers and Calculations | *Chiffres et calculs*

number	nombre
figure	chiffre
(decimal) point	virgule (décimale)
fraction (1)	fraction
to add (up) (2)	additionner
to substract (3)	soustraire
to multiply (4)	multiplier
to divide (5)	diviser
half (6)	moitié
quarter	quart
third	tiers
zero, nought	zéro
one ; first	un ; premier
two ; second	deux ; deuxième
three ; third	trois ; troisième
four ; fourth	quatre ; quatrième
five ; fifth	cinq ; cinquième
six ; sixth	six ; sixième
seven ; seventh	sept ; septième
eight ; eighth	huit ; huitième
nine ; ninth	neuf ; neuvième
ten ; tenth	dix ; dixième
eleven ; eleventh	onze ; onzième
twelve ; twelfth	douze ; douzième
thirteen	treize
fourteen	quatorze
fifteen	quinze
sixteen	seize
seventeen	dix-sept
eighteen	dix-huit
nineteen	dix-neuf
twenty ; twentieth	vingt ; vingtième
twenty-one	vingt et un
twenty-first	vingt et unième
thirty	trente
forty	quarante
fifty	cinquante
sixty	soixante
seventy	soixante-dix
eighty	quatre-vingt
ninety	quatre-vingt-dix
a / one hundred	cent
(a) hundred and one	cent un
a / one thousand	mille
a / one million	un million
a / one billion	*(US)* un milliard ; *(GB)* un billion

POUR ALLER PLUS LOIN

2 + 5 = 7	***Two and/plus five is seven.***
11 - 3 = 8	***Eleven minus three is eight. Ou Three from eleven is eight.***
5 x 6 = 30	***Five times six is thirty. Ou Five multiplied by six is thirty.***
24 / 6 = 4	***Twenty-four divided by six is four.***

(Voir aussi page 108, pour quelques remarques supplémentaires à propos des chiffres.)

Expressions of Quantity | *Expressions de quantité*

many *(pl.)*, **much** *(sg.)*	beaucoup (de)
how many, how much	combien (de)
(a) little *(sg.)*	(un) peu de
a few *(pl.)*	quelques
few	peu de
enough	assez (de)
all	tout *(adj.)*
everything	tout *(n.)*
slightly	légèrement
quite	assez
rather	plutôt
very	très
hardly	à peine
hardly any	presque pas
too *(+ adj./adv.)*	trop *(+ adj./adv.)*
too much/many	trop
(the) same	(le) même
more	plus
(the) most	le plus
less	moins
(the) least	le moindre, le moins
as … as	aussi … que
as many/much as	autant … que
so	tellement
so many/much	tant (de)
only	seulement
each, every	chaque
some	quelque
no	aucun *(adj.)*
nothing	rien
none (of them)	aucun (d'eux)
both (of them)	(tous) les deux
either … or	soit … soit
neither … nor	ni … ni

POUR ALLER PLUS LOIN

Attention !

N'oubliez pas que ***much*** s'utilise avec des noms indénombrables et ***many*** avec des noms dénombrables. Cela vaut, évidemment, pour toutes les expressions construites avec ***much/many*** : ***how much/many ; too much/many ; so much/many ; very much/many***.

● ***Much*** et ***many***, sans autre déterminant, s'emploient surtout dans les questions et les phrases négatives :

Are there many people? Y a-t-il beaucoup de gens ?
I haven't got much time. Je n'ai pas beaucoup de temps.

● Dans les phrases affirmatives on utilise plutôt ***a lot (of)***, qui est l'équivalent tant de ***much*** que de ***many*** :

I've seen a lot of people. J'ai vu beaucoup de gens.
There's a lot of bread left. Il reste beaucoup de pain.

● Les expressions suivantes ne s'utilisent qu'en parlant de deux objets ou personnes : ***both (of them)***, tous les deux ; ***either (of them)***, n'importe lequel des deux ; ***neither (of them)***, aucun des deux.

Weights and Measures | *Poids et mesures*

to measure	mesurer
quantity	la quantité
size	la taille, la grandeur
length	longueur
metre	mètre
square metre	mètre carré
cubic metre	mètre cube
centimetre	centimètre
kilometre	kilomètre
inch	pouce (2,56 cm)
foot	pied (30 cm)
yard	yard (90 cm)
mile	mile (1,610 m)
surface area	superficie
acre	demi-hectare, arpent
volume (capacity)	volume (capacité)
litre	litre
pint	pinte : 0,47 l, (US) 0,57 l
gallon	gallon : 4,5 l, (US) 3,7 l
quart *(US)*	1 quart de gallon, soit 0,94 litres
to weigh	peser
weight	poids
kilo(gram)	kilo(gramme)
pound	livre (454 g)
ton	tonne : 1 016 kg, (US) 907 kg
heavy (7)	lourd
light (8)	léger
degree	degré

POUR ALLER PLUS LOIN

- Un numéro de téléphone se lit chiffre par chiffre : 71-736-0122 : ***seven one - seven, three, six - oh, one, double two***.

- Les noms des rois sont suivis d'un nombre ordinal : Charles III : ***Charles the Third*** ; Louis XVI : ***Louis the Sixteenth***.

- En football, un score 4-0 se lit ***four-nil*** ; en tennis 15-0 se lit ***fifteen-love*** et 15-15, ***fifteen-all***.

Attention ! Les mots ***hundred, thousand, million*** sont toujours au singulier sauf dans les expressions ***hundreds of***... (des centaines de…), ***thousands of*** (des milliers de…) et ***millions of*** (des millions de…). L'équivalent de « dizaines » est plutôt ***dozens*** (des douzaines) que ***tens*** : ***dozens of people***, des dizaines de gens.

19
The World of Work
Le monde du travail
BCME
ENGINEERING Plc.
BROWNE
and Sons
... A FOUR HOUR DAY, TWELVE WEEKS HOLIDAY A YEAR, RETIREMENT AT FORTY...
Veterinary surgery
ON STRIKE
PHOTOCOPY 2 000
1
2
3
4
5
6
7
8
9
10

Working | *Travailler*

to work	travailler
work	travail
employee	employé, salarié
employer	employeur
to employ	employer
job	emploi
occupation	occupation
position	poste
profession	profession
situation	situation, poste
to apply for a job	postuler un emploi
applicant	candidat
application	candidature
letter of application	lettre de candidature
personnel, staff	le personnel
business	affaires
competition	concurrence
profit	profit, bénéfice
earnings, income	salaire, revenus
salary	salaire (mensuel)
wages	salaire, paie
strike	grève
to (go on) strike	faire grève
harassment	harcèlement
union	syndicat

contract	contrat, convention collective
claim	revendication
increase, rise, *(US)* **raise**	augmentation (de salaire)
bankruptcy	faillite
to go bankrupt	faire faillite
to be made redundant	être licencié (économiquement)
redundancy	licenciement économique
to dismiss, to sack, to fire	licencier, congédier, sacquer
unemployment	chômage
unemployment benefit, *(US)* **compensation**	allocation de chômage
unemployed, on the dole *(fam.)*	au chômage
to retire	prendre sa retraite
retirement	retraite
retired	à la retraite
retirement pension	(pension) retraite
internship	stage en entreprise

POUR ALLER PLUS LOIN

- ***Salary**, **wages*** et ***fees*** : ***salary*** s'utilise surtout pour les employés, les cadres et les fonctionnaires, tandis que ***wages*** désigne plutôt le salaire payé pour un travail manuel. ***Fees*** sont les honoraires versés aux professions libérales.

In the Factory | *À l'usine*

worker	ouvrier
workplace	lieu de travail
workforce	main-d'œuvre
factory, works	usine
plant (1)	matériel d'équipement ; usine
goods	biens ; produits, marchandises
services	services ; prestations
trade	métier, art ; commerce
machinery	machines ; matériel
machining	usinage
milling	fraisage
finishing, dressing	apprêt, finition
industry	industrie
foreman, overseer	contremaître
fitter	monteur
to fit	installer, monter
assembly-line	chaîne de montage
automation	robotisation
to work	fonctionner, marcher
mate	aide, assistant
to train	former, entraîner
training	formation, préparation
apprentice	apprenti
apprenticeship	apprentissage
trial (period)	(période d') essai
to be on trial	être à l'essai
to manage	gérer, diriger
to supply	fournir, approvisionner
supply	provision, alimentation
to plan	élaborer, projeter
plan	plan, projet
success	succès
failure	échec, faillite
waste	gaspillage ; déchets
to waste	gaspiller
mass- production	fabrication à la chaîne

EXPRESSIONS COURANTES

● *To work* et *work* :

He works like a Trojan/like an ox.	Il travaille comme un forçat, comme un bœuf.
But he's working for peanuts.	Mais il travaille pour des clopinettes.
She's got her work cut out.	Elle a du pain sur la planche.
But she'll make short work of it.	Mais elle n'en fera qu'une bouchée.

In the Office | Au bureau

office	bureau
clerk	employé (de bureau)
head clerk	chef de bureau
department	département, service
head of department	chef de service
(top) executive	cadre (supérieur)
yuppil *(US, fam.)* **Young urban professionnal**	jeune cadre urbain
manager, director	directeur
managing director	directeur général, PDG
chairman	président
the Board	conseil d'administration
secretary (2)	secrétaire
personal assistant, PA	secrétaire de direction
typewriter (3)	machine à écrire
word processing	traitement de texte
word-processor (4)	machine à traitement de texte
desktop computer	ordinateur de bureau
network of computers	réseau d'ordinateurs
software	logiciel
e-mail	adresse électronique
disket	disquette
hard disk	disque dur
message	message
switchboard	standard
switchboard operator	standardiste
desk	bureau
file (5)	dossier
letter (6)	lettre
stapler	agrafeuse
drawing pin, *(US)* **(thumb) tack**	punaise
waste-paper basket	corbeille à papiers
appointment	rendez-vous
meeting	réunion
to cancel	annuler
to postpone, to put off	remettre, ajourner
to cut and to paste	copier et coller
to file	classer
to delete	effacer
to retrieve	rechercher
to store	mettre en mémoire
to save	enregistrer, sauvegarder

POUR ALLER PLUS LOIN

- En Grande-Bretagne, les heures de bureau sont de 9 h/9 h 30 à 17 h 30/18 h avec le déjeuner entre 13 h et 14 h ; les magasins ont la journée continue et restent ouverts souvent plus tard que les bureaux. Les banques sont souvent fermées après 15 h 30.
- « Directeur » se traduit par ***manager*** ou par ***director***. En général, le poste d'un ***director*** implique plus de responsabilités que celui d'un ***manager*** mais les titres sont parfois équivalents.

Trades and Professions | *Métiers et professions*

white-collar (worker)	col blanc, employé de bureau
blue-collar (worker)	ouvrier
civil servant	fonctionnaire
inspector	contrôleur, inspecteur
professional	professionnel
accountant	comptable
shop assistant	vendeur
travelling salesman	représentant
bank-clerk	employé de bureau
architect	architecte
doctor	médecin
nurse	infirmière
surgeon	chirurgien
dentist	dentiste
veterinary surgeon, vet	(médecin) vétérinaire
lawey	avocat
solicitor	notaire, avoué
social worker	assistant(e) social(e)
teacher	professeur
librarian	bibliothécaire
engineer	ingénieur
technician	technicien
steel worker	ouvrier sidérurgiste
labourer	manœuvre
mechanic	mécanicien
artisan, craftsman	artisan
bricklayer (7)	maçon
painter and decorator (8)	peintre en bâtiment
carpenter	charpentier, menuisier
locksmith	serrurier
blacksmith	forgeron
electrician	électricien
plumber	plombier
watchmaker	horloger
miner	mineur
caretaker	concierge, gardien
delivery man (9)	livreur
removal man	déménageur
lorry driver (10)	routier
truck driver *(US)*	
moon-ligthing	travail au noir

POUR ALLER PLUS LOIN

● Le métier de concierge est plutôt rare en Angleterre. Les mots ***doorman*** et ***janitor*** désignent le portier dans un hôtel : ***porter*** se dit non seulement pour un porteur dans une gare, mais aussi pour le gardien d'un grand immeuble collectif.
A caretaker est le gardien d'un établissement (surtout s'il a d'autres responsabilités que la simple surveillance).
« Veilleur de nuit » se dit ***nightwatchman***.

DINING HALL

LIBRARY

EXAM RESULTS

PASS

FAIL

MATHEMATICS

BIOLOGY

CHEMISTRY

PHYSICS

ENGLISH

HELL! IT LOOKS LIKE A SUMMER OF REVISION FOR ME...

5

FUNKY MUSIC

3

20

Education
L'enseignement

The Classroom | *La salle de classe*

form, class, *(US)* grade	classe
class, lesson	cours
blackboard (1)	tableau (noir)
to write on the blackboard	écrire au tableau
chalk	craie
duster	chiffon
(school)book (2)	livre (de classe)
page	page
line	ligne
exercise/note book (3)	cahier
file	classeur
sheet (of paper)	feuille (de papier)
margin	marge
to draw a margin	tracer une marge
ruler (4)	règle
(lead) pencil (5)	crayon (à mine de plomb)
(colour) crayon	crayon gras
ink	encre
pen (6)	stylo
fountain pen (7)	stylo plume
ball-point pen, felt-tip (pen)	stylo bille, roller stylo feutre
pencil sharpener	taille-crayon
pencil case	trousse
rubber, *(US)* eraser	gomme
to erase, to rub out	gommer
scissors	ciseaux
(pupil's) desk (8)	pupitre
(teacher's) desk (9)	bureau du professeur
stool	tabouret
row	rang, rangée
satchel, schoolbag	cartable

POUR ALLER PLUS LOIN

Attention !

Le verbe ***to answer*** est transitif : ***to answer a question*** (répondre à une question) ; ***to answer the phone*** (répondre au téléphone). « Réponse » se traduit par ***answer*** ou ***reply***, mais le second ne s'utilise que dans le cadre d'un dialogue ou d'un échange : ***There was no answer/reply to my letter*** (Ma lettre est restée sans réponse). ***He gave the right answer*** (Il a donné la bonne réponse).

● « Classe » (dans le sens d'« année d'étude ») se traduit par ***form*** ou ***year***. ***The first form/year*** est la première année de ***secondary school*** et correspond à la classe de sixième en France. ***The lower sixth form*** équivaut à la première et ***the middle*** ou ***upper sixth form*** à la terminale.

At School | À l'école

nursery school	(école) maternelle
primary school	école (primaire)
secondary school	collège, lycée
pupil	élève
(school) student (10)	élève, lycéen
boarding school	internat
boarder	interne *(n.)*
day pupil	externe *(n.)*
lesson	leçon
to learn	apprendre
to teach	enseigner
primary school teacher	instituteur
teacher	professeur
tutoring	cours particuliers
headmaster, headmistress	directeur, directrice
headmaster's office	bureau du directeur
dining hall, cafeteria	cantine
break, playtime, *(US)* **recreation**	récréation
playground, *(US)* **school yard**	cour (de récréation)
classmate	camarade de classe
subject	matière
homework	devoirs
answer	réponse, solution
timetable	emploi du temps
test	interrogation
prize	prix
report	bulletin (scolaire)
mark, *(US)* **grade**	note
pass mark	moyenne
satisfactory	satisfaisant
unsatisfactory, poor	insuffisant, médiocre
excellent	excellent
hard-working	appliqué
indisciplined	difficile, dissipé
to expel	renvoyer
to punish	punir
detention	consigne, retenue
to play truant	faire l'école buissonnière

POUR ALLER PLUS LOIN

- En Grande-Bretagne, les ***comprehensive schools*** correspondent au collège + lycée en France. À l'âge de 15/16 ans, les élèves y passent un examen composé de trois à neuf épreuves, appelé ***GCSE*** (***General Certificate of Secondary Education***). Par la suite, ils peuvent continuer leurs études « générales » et passer un second examen (***A levels***), plus spécialisé, comprenant de deux à quatre matières. Cet examen leur permettra de rentrer à l'université.
- Contrairement à ce que leur nom semblerait indiquer, les ***public schools*** sont des établissements privés très coûteux. Les élèves y sont le plus souvent pensionnaires ou demi-pensionnaires.

At University | À l'université

university	université
college	1er cycle universitaire
student	étudiant
faculty	faculté (de sciences, etc.)
to register, *(GB)* **to matriculate**	s'inscrire
professor	professeur (de faculté)
lecturer	maître-assistant
lecture	conférence ; cours magistral
to study	étudier
to take a subject	préparer un sujet (à l'examen)
course	cours
grant	bourse
(student) loan *(US)*	prêt étudiant
degree	diplôme
fees	droits d'inscription à l'université
examination, exam	examen
to revise	réviser
revision	révision
to sit/take an exam	passer un examen
to pass (an exam)	être reçu (à un examen)
to fail (an exam)	échouer (à un examen)
summary	résumé
essay	dissertation
question	question, sujet
term	trimestre
semester *(US)*	semestre
laboratory, lab	laboratoire
library	bibliothèque
amphitheatre, lecture hall	amphithéâtre

POUR ALLER PLUS LOIN

- Les jeunes Anglais et Américains sont en général plus spécialisés que les Français lorsqu'ils entrent à l'université – mais leur culture générale n'est souvent pas aussi étendue. La philosophie, par exemple, n'a jamais été enseignée au lycée. Les grandes écoles n'existent pas mais certaines universités jouissent d'un grand prestige (en Grande-Bretagne, ***Oxford*** et ***Cambridge*** ; aux États-Unis, ***Ivy league*** avec ***Harvard*** et ***Yale*** en tête et les grands campus de l'Ouest tels que ***Berkeley***, pour n'en citer qu'un). Aux USA, les universités peuvent dépendre de l'État fédéral, de l'État fédéré ou être complètement privées. Dans tous les cas, les frais de scolarité sont très élevés.
- Les ***polytechnics*** sont spécialisés dans l'enseignement technique et ont connu en Angleterre un essor important. Un diplôme d'ingénieur peut y être obtenu.
- En ce qui concerne le financement des études, en Grande-Bretagne un système de bourses (***grants***) est mis en place, dont le montant dépend du revenu des parents de l'étudiant. Aux États-Unis, les étudiants peuvent bénéficier de prêts (***loans***) à des taux intéressants pour payer leurs études.

21 Travelling
Voyager

Travels | Les voyages

travel	voyage (en général)	**arrival**	arrivée
to travel	voyager	**to return**	retourner, revenir
travel agency	agence de voyages	**return**	retour
traveller (1)	voyageur	**(to be) early/late**	(être) en retard/ en avance
passenger	passager	**to wait**	attendre
journey	trajet, voyage	**waiting-room**	salle d'attente
voyage	voyage (en mer)	**to miss**	rater, manquer
cruise	croisière	**baggage, luggage**	bagages
trip	excursion ; parcours	**suitcase** (2)	valise
crossing	traversée	**trunk**	malle
way	chemin	**to register one's luggage, to check in** *(US)*	faire enregistrer ses bagages
distance	distance	**customs**	douane
map	carte	**custom's officer**	douanier
plan	plan	**to declare**	déclarer
to leave	partir, quitter	**to smuggle**	faire de la contrebande
departure	départ		
to arrive	arriver		

POUR ALLER PLUS LOIN

● ***A voyage*** se dirait plutôt pour un voyage en mer, mais il existe aussi aujourd'hui le ***space voyage***.
Journey évoque le voyage long et difficile : « ***Journey to the Centre of the Earth*** », mais aussi le trajet : ***It's a boring journey from home to work***.
« Voyage d'affaires » se traduit par ***business trip***.

● Quand on passe la douane (***go through the customs***) et qu'on n'a rien à déclarer, il faut emprunter « ***the green channel: nothing to declare*** ». Dans le cas contraire, prendre « ***the red channel*** ». Il est interdit de passer des animaux à la frontière à cause de la rage (***rabies***).

Attention à l'utilisation de ***to see*** et ***to meet*** dans :

He saw me to the airport.	Il m'a accompagné à l'aéroport.
He met me at the airport.	Il est venu me chercher à l'aéroport.

Means of Transport | *Les moyens de transport*

railway, *(US)* **railroad**	chemin de fer
train	train
wagon, carriage, *(US)* **car**	wagon
sleeping-car, sleeper	wagon-lit
couchette, berth	couchette
express train	(train) rapide
compartment	compartiment
ticket (3)	billet
ticket window	guichet
to reserve/book a seat	réserver une place
single ticket	(billet) aller simple
return ticket, round trip	(billet) aller-retour
(ticket) inspector, collector	contrôleur
station	gare
stop	arrêt, halte
to change (trains)	prendre une correspondance
platform	quai
rail	rail
rails, track	voie
(air)plane (4)	avion
airport	aéroport
runway (5)	piste d'envol
flight	vol
to fly	voler
to take off (6)	décoller
take-off	décollage
to land (7)	atterrir
landing	atterrissage
to check in	se présenter à l'enregistrement
a boarding-pass	carte d'embarquement
(flight) gate	porte (d'embarquement)
cancelled	annulé
delayed	en retard
air-traffic controllers	contrôleurs aériens
pilot	pilote
crew	équipage
air hostess, stewardess (8)	hôtesse de l'air
boat	bateau, barque
ship	navire, bateau
seaman, sailor	marin
captain	capitaine
to load	charger
to board, to embark	embarquer

EXPRESSIONS COURANTES

● ***At the station:***	
A ticket to Oxford, please.	Je voudrais un billet pour Oxford.
● ***Single or return?***	Aller simple, ou aller-retour ?
Single, non smoking.	Aller simple, non fumeur.
In the train:	
Is this seat taken/free?	Cette place est-elle prise/libre ?
Do you mind if I open the window?	Ça vous dérange si j'ouvre la fenêtre ?

10
MOTORWAY
1
2
3
4
5

22
On the Road
Sur la route
12
11
7
8
6
9

Vehicles and Driving | Les véhicules et la conduite

car, *(US)* **automobile** (1)	voiture, auto
lorry, *(US)* **truck**	camion
van (2)	camionnette
to drive	conduire
driver	chauffeur
motorist	automobiliste
(steering) wheel	volant
engine, motor (3)	moteur
to start (the car)	démarrer
to brake	freiner
(hand)brake	frein (à main)
to slow down	ralentir
to accelerate	accélérer
accelerator	accélérateur
gear	vitesse
to change gear	changer de vitesse
gearbox	boîte de vitesse
clutch	embrayage
wheel (4)	roue
windscreen, *(US)* **windshield**	pare-brise
bumper, *(US)* **fender**	pare-choc
tyre, *(US)* **tire** (5)	pneu
to have a flat tyre	crever (un pneu)
horn	klaxon
headlights	phares
safety belt	ceinture de sécurité
bicycle, bike	bicyclette, vélo
cyclist	cycliste
(motor)bike (6)	moto
moped	mobylette
helmet (7)	casque
(driver's) licence	permis (de conduire)
driving test	examen du permis de conduire
Highway Code	code de la route
running in	en rodage
petrol, *(US)* **gas**	essence
filling station	station d'essence
breakdown	panne
to repair	réparer
garage	garage
mechanic, garageman	mécanicien, garagiste
hitch-hiking	auto-stop
to hitch-hike (8)	faire du stop
to hire	louer
car rental	location de voitures
boot *(GB)*, **trunk** *(US)*	coffre
rearview mirror	rétroviseur
ticket, fine	contravention

EXPRESSIONS COURANTES

At the filling station:	
I've run out of petrol.	Je suis en panne d'essence.
Fill her up please.	Faites le plein, s'il vous plaît.
Could you check the oil?	Pourriez-vous vérifier l'huile ?
I've got a flat tyre.	Mon pneu est dégonflé.
I've got a puncture.	J'ai crevé.

Traffic | *La circulation*

road (9)	route
roadway, (road)surface	chaussée
motorway, *(US)* **freeway**	autoroute
main road, A road, *(US)* **highway**	grande route, nationale
lane	voie, file
(road)side	bord de route
shoulder	accotement
bend (10)	virage
incline, slope	côte, pente
dangerous	dangereux
crossroads, junction	carrefour, croisement
T-junction	intersection
signpost	poteau indicateur
roadsign (11)	panneau de signalisation
no entry	sens interdit
no parking	stationnement interdit
to overtake, *(US)* **to pass**	dépasser, doubler
(to do a) U-turn	(faire) demi-tour
hold-up, (traffic) jam (12)	embouteillage
traffic lights	feu tricolore
level crossing, *(US)* **grade crossing**	passage à niveau
to break down	tomber en panne
to crash	avoir un accident (en voiture)
to be run over, to be hit (by a car)	être renversé (par une voiture)
to skid	déraper
to turn over, to roll over	faire un tonneau
reckless driver, road hog *(fam.)*	chauffard
speed	vitesse
speed limit	limitation de vitesse
speeding	excès de vitesse
fine	amende

EXPRESSIONS COURANTES

- ***To pull out***, changer de voie, déboîter ; ***to pull in*** ou ***over***, se rabattre, se ranger ; ***to back up*** ou ***to reverse***, faire marche arrière ; ***to pull up*** : s'arrêter ; ***to move off*** ou ***away***, ***to start***, démarrer ; ***to stop dead***, s'arrêter net.
- ***To go through*** ou ***to jump a red light*** (brûler un feu rouge) ; ***to break the speed limit*** (ne pas observer la limitation de vitesse).

BOOGIE
NIGHT CLUB
Golden Sands Hotel
CAMPSITE
THE STAGE
DANCING
3
4
5
6
8
9
10
11
12

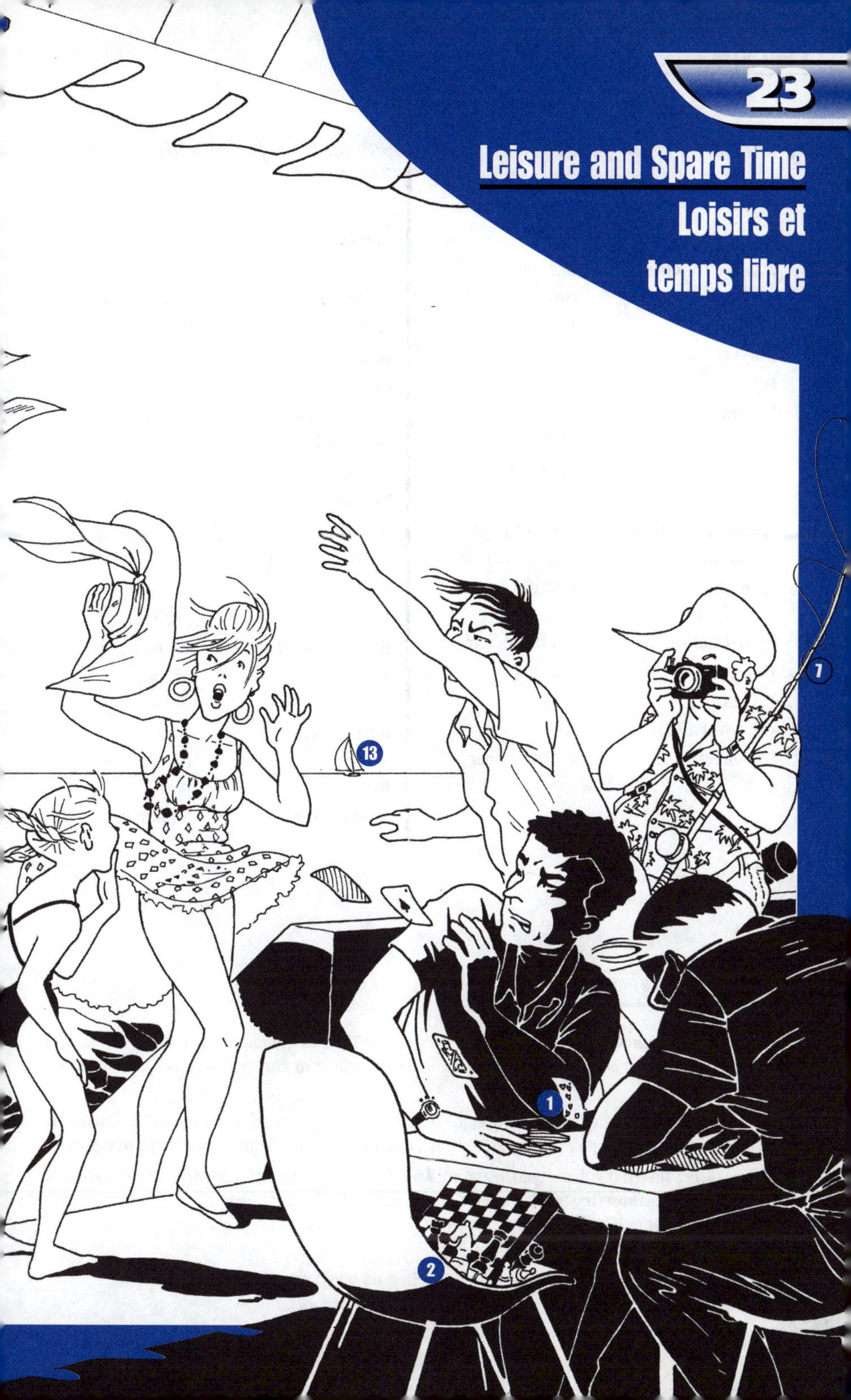
23
Leisure and Spare Time
Loisirs et temps libre
13
7
1
2

Games, Fishing and Hunting | Les jeux, la pêche et la chasse

game	jeu
a game (of chess etc.)	une partie (d'échecs, etc.)
to play	jouer
player	joueur
toy	jouet
to cheat	tricher
cheat	tricheur
amusing	amusant
to have fun	s'amuser
(playing) card (1)	carte (à jouer)
chess (2)	(jeu d') échecs
draughts, *(US)* **checkers**	(jeu de) dames
board game	jeu de société
lottery	loterie
jackpot	gros lot
crossword (3)	mots croisés
to collect	collectionner
doll (4)	poupée
teddy bear (5)	ours en peluche
comic (6)	bande dessinée
cartoons	dessins animés
to dance	danser
dance	danse, bal
disco(theque)	discothèque
nightclub	boîte de nuit
to hunt	chasser
hunter	chasseur
hunting	chasse
to fire/to shoot	tirer
shot	coup de feu
to fish	pêcher
fishing-rod (7)	canne à pêche
angler	pêcheur (à la ligne)
horse-racing	course (de chevaux)
bet	pari
bookmaker	bookmaker

POUR ALLER PLUS LOIN

● Le verbe ***to play*** n'est pas suivi d'une préposition dans la grande majorité des cas : ***to play chess***, jouer aux échecs ; ***to play the piano***, jouer du piano ; ***to play tennis***, jouer au tennis/faire du tennis.

Attention ! Le mot ***puzzle*** en anglais désigne tout jeu basé sur un problème à résoudre : ***crossword puzzle*** (mots croisés) ; ***pictoral puzzle*** (rébus), etc. Le « puzzle » français est un ***jigsaw puzzle***.

● Les pièces du jeu d'échecs : ***pawn*** (pion), ***king*** (roi), ***queen*** (reine), ***knight*** (cavalier), ***rook*** ou ***castle*** (tour) et ***bishop*** (fou). Les couleurs (***suits***) des cartes à jouer : ***hearts*** (cœur), ***clubs*** (trèfle), ***spades*** (pique), ***diamonds*** (carreau).

● À propos des jeux de société :

That was a good move.	C'était un bon coup, c'était bien joué.
Whose turn is it?	C'est à qui de jouer ?

Holidays | Les vacances

holidays, *(US)* **vacation**	vacances
tourism	tourisme
tourist	touriste
tour	voyage en groupe
package holiday	voyage organisé
hotel	hôtel
no vacancy	hôtel complet
sightseeing	visite touristique
youth hostel	auberge de jeunesse
to spend the summer/winter	passer l'été/ l'hiver
to visit	visiter
walk	promenade (à pied)
to go for a walk	se promener
to camp, to go camping	camper, faire du camping
campsite	(terrain de) camping
camper	campeur
tent (8)	tente
resort	station balnéaire
beach (9)	plage
sand	sable
pebbles	cailloux
seaside (10)	bord de mer
water sports	sports nautiques
to swim (11)	nager
swimming	natation
swimmer	nageur
to go windsurfing	faire de la planche à voile
sailboard (12)	planche à voile
motorboat	bateau à moteur
to waterski	faire du ski nautique
to go sailing, to sail	faire de la voile
sail	voile (objet)
sailing	voile (sport)
sailboat (13)	bateau à voile
to row	ramer
row(ing) boat	canot (à rames)
rowing	rame, aviron (sport)
oar	rame, aviron (objet)
canoe	canoë

EXPRESSIONS COURANTES

- ***To go on holiday***, (US ***on vacation***). Partir en vacances.

Is next Monday a (bank) holiday? Est-ce que lundi prochain est un jour férié ?

- En Angleterre, les jours fériés s'appellent ***bank holidays*** :

le dernier lundi du mois d'août (***Late Summer Holiday***),
le jour de Noël (***Christmas Day***), le 26 décembre (***Boxing Day***),
le 1er janvier (***New Year's Day***), le Vendredi saint (***Good Friday***),
le premier lundi de mai et le dernier lundi de mai (***Spring Holiday***).

The Theatre | *Le théâtre*

theatre	(salle de) théâtre
drama	théâtre, drame
play	pièce de théâtre
performance	spectacle
interval	entracte
to perform, to put on	jouer, monter (une pièce)
to act, to play (a part)	jouer (un rôle)
actor, actress	acteur, actrice
part	rôle
to learn by heart	apprendre par cœur
understudy	doublure
walk-on part, extra	figurant
cast	distribution
company	compagnie, troupe
director	metteur en scène
prompter	souffleur
audience	public
member of the audience, theatregoer	spectateur
flop	four, échec
(smash) hit	succès (fou)
to review	faire la critique de
first night, premiere	première
act	acte
scene	scène (dans une pièce)
(on) stage	(sur) scène
curtain	rideau
scenery, set, décor	décors
props	accessoires
spotlight	projecteur, spot
footlights	(feux de) la rampe
stall(s)	(fauteuil d') orchestre
circle	balcon
box	loge
booking/ box office	bureau de location
circus	cirque
clown	clown
big top	grand chapiteau

POUR ALLER PLUS LOIN

- Les salles de théâtre se composent de : ***front stalls***, l'orchestre ; ***boxes***, les loges ; ***dress circle***, le premier balcon ; ***upper circle***, le deuxième balcon ; ***gallery, "gods"*** ou ***upper balcony***, la galerie, le poulailler.
- ***He's hamming it up.*** Il force son rôle.
She's playing to the gallery. Elle joue pour la galerie.
She's really getting under the skin of her character. Elle entre très bien dans la peau du personnage.
They've forgotten their lines. Ils ont oublié leur rôle.

24

Sport
Le sport

Sport (1) — Le sport (1)

sportsman, sportswoman	sportif, sportive *(n.)*
to do (some) sport	faire du sport
champion	champion
championship	championnat
to beat	battre
to draw	faire match nul
to be in the lead/ in front	mener, être en tête
to win	gagner
winner	gagnant
to lose	perdre
defeat, loss	défaite
loser	perdant
team, side	équipe
match, game	match, partie
pitch	terrain
stadium	stade
ball (1)	ballon, balle
player	joueur

olympic games	Jeux olympiques
half-time	mi-temps
football	foot(ball)
rugby	rugby
referee	arbitre (au foot et au rugby)
goal	but
to score (a goal)	marquer un but
score	score
post	poteau
(goal) keeper	gardien de but
forward, attacker	avant, attaquant
defender, back	défenseur
try	essai
penalty (kick)	penalty, tir au but
point	point
basketball (2)	basket(ball)
World Cup	Coupe du monde
world record	record mondial
medal (3)	médaille

POUR ALLER PLUS LOIN

● Quelques mots sur le sport en Grande-Bretagne et aux États-Unis.
Les Anglais jouent au ***football*** (que les Américains appellent ***soccer***), au ***cricket*** (joué également dans les pays du Commonwealth), au ***bowling*** (jeu de boules sur gazon), au ***rugby*** (à XV : ***rugby union***, amateur ; à XIII : ***rugby league***, professionnel) ; ils s'intéressent peu au cyclisme ou au basket. Les Américains, eux, semblent se préoccuper plus des sports d'équipe comme ***(American) football***, ***baseball*** et le ***basketball*** professionnel. Le mot ***hockey*** tout court évoque, en Angleterre, le hockey sur gazon (***field hockey***), tandis qu'aux USA ce nom désigne le hockey sur glace (***ice hockey***). Les deux pays ont un passé prestigieux en athlétisme, les Américains pour les ***sprints*** et les Anglais pour les ***middle-distance events*** (les demi-fonds).

● ***Winning… : We gave them a thrashing / we beat them out of sight / we crushed them***. Nous les avons battus à plate couture, nous les avons écrasés, etc.

● ***… and losing: We were hammered / slaughtered / beaten hands down*** ou ***massacred***. On s'est fait écraser, on s'est fait anéantir, etc.

Sport (2)

Le sport (2)

athlete	athlète
athletics	athlétisme
to train	(s')entraîner
training	entraînement
race (4)	course
to run	courir
to jump	sauter
jump, jumping	saut
long/high jump (5)	saut en longueur/ hauteur
gymnastics, gym	gymnastique, gym
gymnasium, gym	gymnase
boxing (6)	boxe
boxer	boxeur
wrestling	lutte
wrestler	lutteur
to swim	nager
swimming (7)	natation
swimmer	nageur
swimming pool	piscine
to dive	plonger
ski (8)	ski (objet)
skiing	ski (activité)
to ski	skier
skate (9)	patin
to skate	patiner
skateboard	planche à roulettes
tennis	tennis
racket (10)	raquette
net	filet
tennis court	court de tennis
to serve	servir
service	service
table tennis, ping-pong	tennis de table, ping-pong
badminton	badminton
shuttlecock	volant
to throw	lancer
golf	golf
cycling (11)	cyclisme
riding (12)	équitation
(horse)rider	cavalier
to ride	monter à cheval
archery	tir à l'arc
bow (13)	arc
arrow	flèche
fencing	escrime
sword	épée

POUR ALLER PLUS LOIN

● Le verbe ***to train*** se traduit aussi bien par « s'entraîner » (sport) que par « apprendre », « faire des études » ou « suivre un stage ». ***A trainer*** est donc un entraîneur sportif, mais aussi un formateur ; ***training*** désigne l'entraînement et, dans le contexte professionnel, le stage :

The footballers are on training. Les footballeurs s'entraînent.

He's on a training course. Il est en stage.

the daily reporter
the most important events
covered with the best reports
and prize-winning photos
the largest daily
circulation
LOCAL PRESS
MAGAZINES
5
MARILYN
IS STILL
ALIVE

25

Media

Les médias

Press | La presse

news	informations, nouvelles	**column** (4)	colonne ; rubrique
journalism	journalisme	**story**	histoire, reportage
to communicate	communiquer	**(press) report**	reportage
communication	communication	**advertising**	publicité
to inform	informer, renseigner	**classified advertisement, advert, ad commercial**	petite annonce ; spot publicitaire
information	information, renseignement	**commentary**	commentaire
event	événement	**reporter**	reporteur
announcement	annonce, déclaration	**journalist** (5)	journaliste
to happen, to occur	se passer, arriver	**editor**	rédacteur
newspaper, paper	journal	**chef editor**	rédacteur en chef
to print	imprimer	**publisher**	éditeur
daily	quotidien	**readership, readers**	lecteurs
weekly	hebdomadaire	**circulation**	tirage
monthly	mensuel	**copie**	exemplaire
magazine	magazine	**issue**	numéro
headline (1)	gros titre, manchette	**survey**	enquête, étude de marché
heading (2)	titre, rubrique		
cartoon (3)	bande dessinée		

POUR ALLER PLUS LOIN

- Il y a deux sortes de quotidiens en Grande-Bretagne, les ***quality papers*** (de la taille du ***Figaro***) et les ***tabloid papers*** (plus petits que ***Le Monde***). Mais la différence de format est moins importante que la différence de contenu et de tendance. Les ***quality papers*** (***The Times***, gouvernemental ; ***The Telegraph***, conservateur ; ***The Guardian***, libéral et socialisant, et ***The Independent***, apolitique, plutôt libéral) essaient toujours de donner une vue d'ensemble des événements nationaux et internationaux avec des commentaires sérieux.
- Les ***tabloids*** (***The Sun*** et ***The Daily Mirror***, par exemple) ne s'intéressent qu'aux affaires locales et au sport. Ils sont taxés de trivialité et connus pour leur ingérence dans les affaires privées de personnes célèbres et moins célèbres. La presse de bas étage s'appelle ***gutter press***.
- Aux USA, les petits journaux locaux sont nombreux et importants à côté des quotidiens nationaux tels que le ***New York Times*** et le ***Washington Post***.

Television, Radio, Internet... | *La télévision, la radio, Internet...*

television, TV (set)	(poste de) télévision
viewer	téléspectateur
announcer	présentateur
newscaster, *(US)* **anchorman**	présentateur (des infos)
script	scénario, script
program(me)	émission ; (GB) chaîne
series	série, feuilleton
soap	feuilleton mélo
channel	chaîne
cable channel	chaîne cablée
remote control, zapper	télécommande
wave	onde
radio (6)	poste de radio
to broadcast	diffuser
listener	auditeur
newsflash	bulletin d'informations
probe, enquiry	enquête
commercial	spot publicitaire
interview	interview
live	en direct
live broadcast	émission en direct
prerecorded broadcast	émission différée
video recorder, VCR (7)	magnétoscope
video cassette (8)	cassette vidéo
tape (9)	bande
cassette (tape)	cassette
tape recorder (10)	magnétophone
compact disc	(disque) compact
compact disc player	platine laser
to record	enregistrer
CD-Rom, DVD Rom	cédérom, disque numérique
video game	jeu vidéo
game console	console de jeu
worldwide web	toile mondiale
to browse	surfer
browsing	navigation
home page	page d'accueil d'un site
tree	arborescence
interactivity	interactivité
(hyper)link	(hyper)lien
to get connected, wired	se connecter
to update, upgrade	mettre à jour
upgradable	évolutif

POUR ALLER PLUS LOIN

- Aux États-Unis, la majorité des chaînes de télévision sont privées. Les programmes sont souvent critiqués pour leur faible niveau culturel. Les grandes chaînes nationales sont la CBS, la NBC et la CBC mais il y a une multitude de chaînes locales.
- La BBC (***British Broadcasting Corporation***), appelée familièrement ***"Beeb"***, est financée uniquement par la redevance annuelle, ***licence fee*** (150 euros environ) et manque donc de moyens. Elle doit également tenir compte de la télévision par câble (***cable television***) et par satellite (***satellite broadcasting***) qui offrent un nombre important de chaînes spécialisées.
- La société privée IBA possède actuellement deux chaînes nationales : ***ITV*** (plutôt « populaire ») et ***Channel Four*** (chaîne « culturelle »), concurrencée par ***BBC 2***.

STOP ACID RAIN
NO MORE NUCLEAR OR TOXIC WASTE
PRESERVE THE OZONE LAYER
CONSERVE THE ENVIRONMENT
HOW CAN YOU LIVE ON £29 A WEEK?
VICTIMS OF THE OIL SLICK
GREEN PARTY

26 Contemporary Themes / Thèmes d'actualité

Ecology | L'écologie

to waste	gaspiller
waste	gaspillage, déchet
pollution	la pollution
to pollute	polluer
to contaminate	contaminer
acid rain	pluie acide
sulphur	soufre
carbon dioxide	acide carbonique
carbon monoxide	oxyde de carbone
oil slick	marée noire
dump	décharge
garbage	ordures
dumping at sea	déversement illégal (dans la mer)
(toxic) waste disposal	déversements toxiques
poison	poison
nuclear discharge	décharge nucléaire
greenhouse effect	effet de serre
ozone layer	couche d'ozone
global warming	réchauffement global
lead-free petrol	essence sans plomb
recycling	recyclage
to recycle	recycler
biodegradable	biodégradable
bottle banking	collecte de verre
rainforest	forêt tropicale
deforestation	déboisement (à grande échelle)
desertification	désertification
devastation	dévastation
soil erosion	érosion
an environmental disaster	désastre écologique
pests	organismes nuisibles
pesticide	pesticide
endangered species	espèces en voie de disparition
extinct	disparue (une espèce)
nature/ environmental conservation	défense de l'environnement
conservation	préservation
poaching	braconnage
whaling	pêche à la baleine

POUR ALLER PLUS LOIN

● Afin de lutter contre les différents dangers qui menacent l'environnement, les États ont mis en place de nombreux dispositifs : on parle de ***conservation measures*** (mesures de protection), ***anti-pollution directives*** et ***pollution levels*** (niveaux de pollution atteints), ***efforts to curb / to counter the greenhouse effect*** (des mesures pour lutter contre l'effet de serre). Comme en français, ***a green*** désigne un écologiste militant ou quelqu'un qui s'intéresse vivement aux problèmes de l'environnement ; ***a green council*** est le conseil général qui met en place des projets écologistes.

Social Phenomena and Problems | *Les phénomènes et problèmes sociaux*

to develop	(se) développer
development	développement
underdeveloped	sous-développé
famine	famine
hunger	faim
population explosion	explosion démographique
birth rate	taux de natalité
contraception	contraception
sterilization	stérilisation
abortion	avortement
euthanasia, mercy killing	euthanasie
refugee	réfugié
unemployment	chômage
short/long-term unemployment	chômage de courte/longue durée
tenuous job	emploi précaire
to lay off	licencier
globalization	mondialisation
homeless	sans-abri
homelessness	problème des sans-abri
tramp, *(US)* **bum, hobo**	clochard
to beg	mendier
welfare	aide sociale

begging	mendicité
sexism	sexisme
racism	racisme
racist	raciste
anti-semitism	antisémitisme
to be discriminaded against	être victime de discrimination
scapegoat	bouc-émissaire
child abuse	maltraitance à l'égard de l'enfant, pédophilie
prostitution	prostitution
rape	viol
exploitation	surexploitation
to expel, ban	rejeter, exclure
to abuse	injurier, maltraiter
to victimize	persécuter
AIDS	sida
high-risk group	groupe à risque
screening	tests de dépistage
'hard'/'soft' drug	drogue « dure »/ « douce »
drug addiction / dependency	toxicomanie
drug addict	toxicomane
overdose	overdose

POUR ALLER PLUS LOIN

- À propos de la drogue illicite, on parle de ***drug trafficking***, exercé soit par les ***drug dealers*** (les dealers de la rue), soit par de véritables trafiquants, les ***drug traffickers***, à plus grande échelle. La distinction peut être trompeuse et dangereuse entre ***hard drugs*** (***cocaïne, "crack"***, ***heroin***, etc.) et ***soft drugs*** (***marijuana,"grass"*** etc.) et demeure un sujet très controversé.

4
3

27

Language
Le langage

Speech — La parole

voice	voix	**expression**	expression
aloud, out loud	à voix haute	**silence**	silence
word	mot	**silent**	silencieux
language	la langue ; le langage	**secret**	secret
to speak	parler	**to keep a secret**	garder un secret
to tell	dire ; raconter	**rumour**	rumeur
to talk	parler ; dire	**loud**	fort
to say	dire	**soft**	doux
to represent	représenter	**quiet**	doux ; tranquille
to swear	jurer	**scream, cry**	cri
to request	demander, prier	**to scream, to cry out**	crier
accent, intonation	accent, intonation	**to whisper** (1)	chuchoter
to pronounce	prononcer	**to murmur**	murmurer
pronunciation	prononciation	**to mumble**	marmotter, marmonner
to express (oneself)	(s')exprimer	**to stammer**	bégayer, balbutier

EXPRESSIONS COURANTES

Attention à l'emploi de ***to say*** et ***to tell*** :

● ***To say*** s'utilise lorsque l'on cite directement ou indirectement les paroles de quelqu'un :

'Come in', he said. — « Entrez », dit-il.

He said he was hungry. — Il a dit qu'il avait faim.

Si on spécifie la personne à laquelle on s'adresse, on doit utiliser la préposition ***to*** :

This is what she said to me. — Voici ce qu'elle me dit.

Utilisation de ***to say*** au passif :

John is said to be rich. — On dit que John est riche.

● ***To tell*** (dans le sens de « dire ») est toujours suivi de la personne à laquelle on s'adresse.

He told me he was hungry. — Il m'a dit qu'il avait faim.

Utilisation de ***to tell*** au passif :

He was told to come early. — On lui a dit de venir tôt.

Conversation | La conversation

to converse with	s'entretenir avec
question	demande, question
to ask a question (2)	poser une question
to reply, to answer	répondre
answer, reply	réponse
to retort	répliquer
to interrupt	interrompre
interruption	interruption
to contradict	contredire
to discuss (3)	discuter
discussion	discussion
to declare	déclarer
to argue	se disputer ; discuter ; soutenir
argument	dispute ; argument
to quarrel (4)	se disputer, se quereller
quarrel	dispute, querelle
to affirm, to assert	affirmer
to state	déclarer
statement	déclaration
to assure	assurer
to assert	affirmer
to comment	commenter, remarquer
comment	commentaire, remarque
to allude to	faire allusion à
to suggest	suggérer
suggestion	suggestion
to beg (5)	supplier, prier
wit	esprit
witty	spirituel
witticism	mot d'esprit
joke	blague
to joke	plaisanter
humour	humour
irony	ironie
ironic(al)	ironique
sarcasm	raillerie, sarcasme
to tease	taquiner
small talk	menus propos
to chat	bavarder
chatter	bavardage

EXPRESSIONS COURANTES

- Si vous êtes d'accord avec quelqu'un, vous dites :
You're quite right., *I agree.*, *That's right.*
- Si, au contraire, vous n'êtes pas d'accord, vous dites :
I don't agree with you, I'm afraid., *I have to disagree with you here.*
- Si on s'écarte du sujet :
We're getting off the subject/the track.
- Si quelqu'un a du mal à prendre la parole, on peut dire :
Let her speak., *Let her have her say.*

Language and its Uses | Le langage et son emploi

to note	noter, remarquer
to remark	remarquer
to name	nommer
to bring out, to emphasize	mettre en relief
to indicate	indiquer
to mean	vouloir dire
meaning	sens
to understand	comprendre
to misunderstand	mal comprendre
misunderstanding	malentendu
to evoke	évoquer
to quote	citer
quotation (6)	citation
to refer to	se référer à
to insist upon	insister sur
to underline, to underscore	souligner
to add	ajouter
to point out	mettre en évidence
to repeat	répéter
repetition	répétition
to exaggerate	exagérer
to promise	promettre
promise	promesse
to summarize, to sum up	résumer
summary	résumé
to criticize	critiquer
criticism	critique
to compare	comparer
comparison	comparaison
to translate	traduire
translation	traduction
to interpret	interpréter
interpreter	interprète
interpreting	interprétariat
vague	vague *(adj.)*
vagueness	vague *(n.)*
obvious, evident	évident

EXPRESSIONS COURANTES

- Quand on cherche un mot ou qu'on ne le comprend pas, voici ce qu'il est possible de dire :
What's the English for…? What's that called in English? Could you translate this, please? What does it mean? How do you spell that word? Could you speak more slowly, please… What was the last word? Sorry, I didn't catch it. Could you repeat that, please?
- Quand quelqu'un vous rend service et que vous le remerciez, il peut vous répondre :
That's all right., The pleasure was mine., Don't mention it., You're welcome…

28
The Written Word
L'écriture
SO, STILL NO INSPIRATION?
10
9
1
TALES
4
7
5
ROBINSON CRUSOE
8
CHAPTER II
6
2
literature
3
the story of my life is

The Written Language | La langue écrite

to write	écrire
writing	écriture
writer (1)	écrivain
to read	lire
reading	lecture
reader	lecteur
to spell	épeler
spelling	orthographe
alphabet	alphabet
letter (2)	lettre
word	mot
noun	nom, substantif
proper noun	nom propre
verb	verbe
adjective	adjectif
adverb	adverbe
preposition	préposition
conjunction	conjonction
sentence	phrase
paragraph (3)	paragraphe
expression, phrase	expression
grammar	grammaire
punctuation	ponctuation
full stop, *(US)* **period**	point
comma	virgule
inverted commas	guillemets
dash, hyphen	tiret
question mark	point d'interrogation
bracket, parenthesis	parenthèse
vocabulary	vocabulaire
dictionary	dictionnaire
glossary	glossaire
term	terme
article, entry	article
signification	signification
meaning, sense	sens
nonsense	non-sens
illegible	illisible

POUR ALLER PLUS LOIN

- Contrairement à ce qu'on pourrait croire, ***phrase*** ne veut pas dire « phrase », mais « expression ». « Phrase » se dit ***sentence***.
- Il est intéressant de noter que les Anglais utilisent des guillemets simples plutôt que des tirets dans les dialogues :

'Hello, John!'	– Salut, John !
'Hi!'	– Salut !

- Pour traduire « noter », « mettre par écrit » :

Take down what the teacher says.	Notez ce que dit le professeur.
I jotted down his address.	J'ai rapidement noté son adresse.
Write everything down.	Mettez tout par écrit.

Attention à l'utilisation de ***down*** dans toutes ces expressions.

Literature — La littérature

text	texte
book (4)	livre
title (5)	titre
copy	exemplaire, copie
page (6)	page
chapter	chapitre
author	auteur
work	œuvre, ouvrage
plot	intrigue
volume	volume, tome
literary	littéraire
prose	prose
poetry (7)	poésie
poet	poète
verse	vers ; strophe
novel (8)	roman
novelist	romancier
short story	nouvelle
tale	conte
narrative, story	récit
character	personnage
drama, play	pièce de théâtre
legend	légende
myth	mythe
essay	essai
dialogue	dialogue
nursery rhyme	comptine
proverb	proverbe
tragedy (9)	tragédie
comedy (10)	comédie
tragic	tragique
comic	comique
playwright	auteur dramatique, dramaturge
fantastic (le)	fantastique
science fiction, SF	science-fiction
romantic	romantique
popular	populaire ; en vogue
plagiarism	plagiat
library	bibliothèque

POUR ALLER PLUS LOIN

Attention à la traduction de ***novel*** qui signifie « roman », « nouvelle » se disant ***short story***. ***A story*** est une « histoire » (ex : ***bedtime story***) ; ***a tale***, « un conte » (***Mother Goose Tales*** : *Les Contes de Ma Mère l'Oye*).

On emploie toujours la préposition ***by*** pour désigner l'auteur d'une œuvre : ***a play by Shakespeare, a painting by Picasso.***

12
9
14
11
10
6

Art and Music

L'art et la musique

Art | L'art

artist	artiste
fine arts	beaux arts
work (of art)	œuvre (d'art)
museum	musée
drawing	dessin
to draw	dessiner
sketch	croquis, esquisse
paint (1)	peinture (substance)
painting	tableau, peinture
to paint	peindre
painter (2)	peintre
(paint)brush (3)	pinceau
easel	chevalet
canvas	toile
frame (4)	cadre
portrait (5)	portrait
to pose, to sit (for a portrait)	poser
still life (6)	nature morte
landscape (7)	paysage
(an) engraving	(une) gravure
sculpture	sculpture
sculptor	sculpteur
to sculpt	sculpter
statue (8)	statue
show, exhibition	exposition
gallery	galerie d'art
architecture	architecture
decorative arts	arts décoratifs
ceramics	céramique
pottery	poterie
fake	faux

EXPRESSIONS COURANTES

- Voici quelques mots et expressions supplémentaires pour décrire un tableau : ***full-length portrait***, portrait en pied ; ***half-length portrait***, portrait en buste ; ***in the foreground***, au premier plan ; ***in the background***, à l'arrière-plan.
- Quelques techniques picturales :
to draw in pencil/in pen, dessiner au crayon/à la plume ; ***a wash drawing***, un lavis ; ***silk-screen printing***, la sérigraphie ; ***to paint in oils***, peindre à l'huile ; ***a watercolour***, une aquarelle.

Art and Beauty | L'art et la beauté

beauty	beauté
beautiful	beau
ugliness	laideur
ugly	laid
grace	grâce
pretty, nice-looking	joli
gaudy	tape-à-l'œil, criard
flashy	voyant, tapageur
to show off	poser, faire étalage
subtle	subtil
attractive	attrayant
clear	clair ; transparent
marvellous	merveilleux
picturesque	pittoresque
magnificent	magnifique
gorgeous	somptueux
meaningful	significatif
meaningless	dénué de sens
realist(ic)	réaliste
style	style
Mediaeval	médiéval
Gothic	gothique
Classical	classique
Baroque	baroque
Modernist	moderniste
abstract	abstrait
figurative	figuratif
ideal	idéal
model	modèle
theme	thème
copy	copie
to copy	copier
period	époque
period fourniture	meuble d'époque
genuine	authentique

POUR ALLER PLUS LOIN

● « Beau » se traduit différemment selon qu'il s'agit d'une femme ou d'un homme : ***a beautiful woman*** (une belle femme) mais ***a handsome man*** (un bel homme). ***Beautiful*** s'emploie aussi pour les choses : ***a beautiful flower/sunset/dress***, etc. ***Fair*** est un mot désuet pour dire « beau » (***the fair sex*** : le beau sexe, les femmes) ; en anglais moderne, il s'utilise dans le sens de « blond », « clair » (***fair hair*** : cheveux blonds) et aussi dans le sens de « juste » (***That's not fair***, Ce n'est pas juste).

Music and Singing | La musique et le chant

to play (an instrument)	jouer (d'un instrument)
note	note
sound	son
rhythm	rythme
tone	ton
tune, melody	mélodie
tuneful, melodious	mélodieux
musician (9)	musicien
orchestra	orchestre
singer	chanteur
to sing	chanter
choir	chœur
opera	opéra
conductor	chef d'orchestre
ballet	ballet
group, band	groupe (pop)
recording	enregistrement
lullaby	berceuse
piano	piano
organ	orgue(s)
keyboard	clavier
synthesizer	synthétiseur
violin (10)	violon
guitar	guitare
cello	violoncelle
double bass	contrebasse
drum	tambour
drums	batterie
flute	flûte traversière
recorder (11)	flûte à bec
clarinet	clarinette
trumpet	trompette
trombone	trombone
oboe	hautbois
horn	cor
bagpipe	cornemuse

POUR ALLER PLUS LOIN

● Voici quelques éléments supplémentaires de vocabulaire pour parler de la musique classique : ***sonata***, sonate ; ***symphony***, symphonie ; ***piano/violin concerto***, concerto pour piano/violon ; ***string trio/quartet***, trio/quatuor à cordes ; ***piano trio***, trio avec piano.

● On parle également de ***chamber music*** et d'***orchestral music*** (musique pour orchestre, musique symphonique).

● ***brass band***, orchestre de cuivre ; ***to sing/to play out of tune***, chanter/jouer faux ; ***the violin is out of tune***, le violon est désaccordé.

Attention ! Les notes de musique en anglais sont remplacées par des lettres (exemple : do = c).

● À côté des dizaines de salles de concerts dont le ***Royal Albert Hall*** et le ***Royal Festival Hall***, Londres possède deux opéras (***opera houses***) : ***The Royal Opera*** et ***The English National Opera*** (en langue anglaise uniquement). Le ***Metropolitan Opera House*** à New York est mondialement connu pour ses productions somptueuses.

Cinema and Photography | *Le cinéma et la photographie*

film, *(US)* movie	film
cinema, *(US)* movie theater	cinéma (la salle de projection)
feature (film)	long métrage
short	court métrage
cartoon	dessin animé
trailer	bande-annonce
silent film	film muet
to make/shoot a film	tourner un film
filming	tournage
(film) camera (12)	caméra
screen	écran
director (13)	metteur en scène
producer	producteur
actor, actress	acteur, actrice
star	vedette, star
still	photo (du tournage)
freeze frame	arrêt sur image
action!	moteur !
film library	cinémathèque
aware	prix, récompense
shot	plan
foreground	premier plan
background	arrière plan
in the middle distance	au deuxième plan
close-up	gros plan
special effects	effets spéciaux
to dub	doubler
subtitles	sous-titres
script	scénario
programme, showing	programme
horror film	film d'épouvante
usherette	ouvreuse
photography	photographie
to photograph	photographier
photo	photo, cliché
photographer	photographe
camera (14)	appareil (photographique)
digital camera	appareil numérique
print	épreuve
transparency, slide	diapositive
film	pellicule photo
lighting	éclairage
exposure (time)	(temps de) pose
video camera	Caméscope

POUR ALLER PLUS LOIN

- Au début du cinéma parlant, on appelait les films des « ***talkies*** » (sur le modèle des ***movies***).
- ***A blockbuster*** est une superproduction (beaucoup de vedettes et coût très élevé) dans laquelle il entre tous les ingrédients pour faire un spectacle total.
- ***A film buff*** est une personne férue de cinéma. ***A film-lover*** est un cinéphile. On peut parler aussi de ***opera-buff***, ***theatre-lover***, ***music-lover***, etc.

30

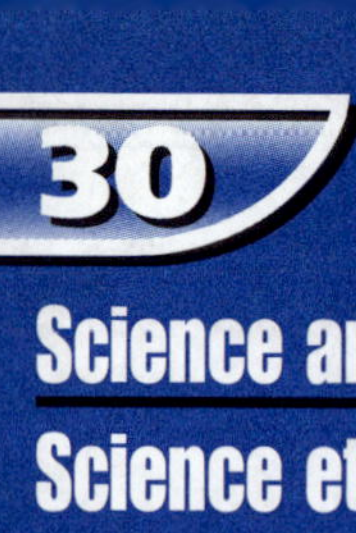

Science and Technology
Science et technologie

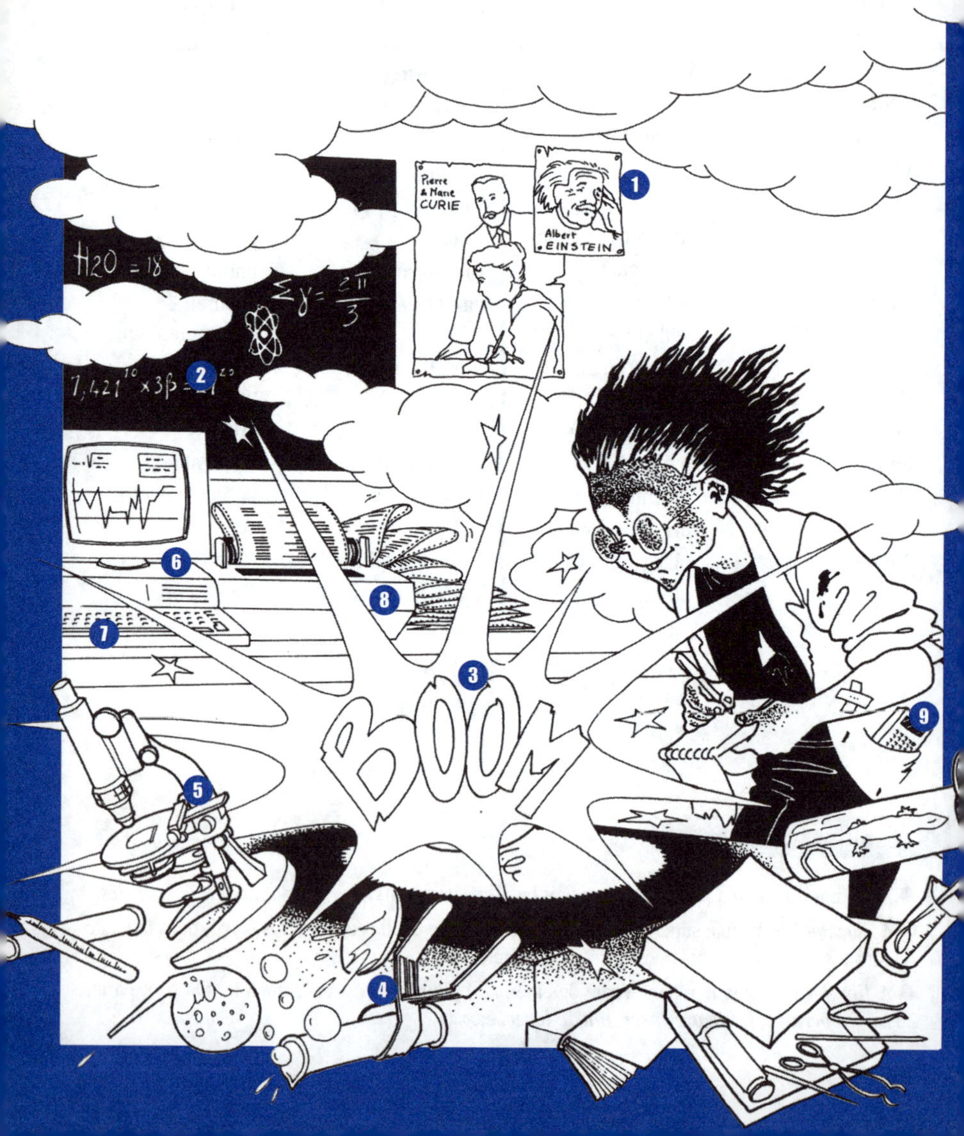

Science and Method | *Science et méthode*

scientist (1)	scientifique *(n.)*, savant
scientific	scientifique *(adj.)*
mathematics, maths	mathématiques, maths
problem	problème
calculation	calcul
equation (2)	équation
research	recherche
experiment (3)	expérience (scientifique)
to observe	observer
to analyse	analyser
to verify, to check	vérifier
proof	preuve
to prove	prouver
to solve	résoudre
theory	théorie
brains	cerveau, matière grise
solution	solution
discovery	découverte
to discover	découvrir
invention	invention
to invent	inventer
progress	progrès
method	méthode
system	système
theory	théorie
law	loi
theorem	théorème
fact	fait, donnée
data *(pl.)*	données
logic	logique *(n.)*
logical	logique *(adj.)*
exactitude	exactitude
precision	précision
range, scope	étendue, champ

POUR ALLER PLUS LOIN

Attention ! « Un scientifique » se dit ***a scientist***, ***scientific*** étant l'adjectif.

● ***Experiment*** est le mot qui décrit une expérience scientifique, tandis que « expérience », dans un sens plus abstrait, se dit ***experience*** (***life experience*** : expérience de la vie).

● Quelques lois et quelques phénomènes :
Archimede's principle, le principe d'Archimède, ***The Special Theory of Relativity***, la théorie de la relativité restreinte ; ***Boyle's Law***, La loi de Boyle (ou de Mariotte) ; ***gravity***, la pesanteur ; ***evolution***, l'évolution ; ***natural selection***, la sélection naturelle ; ***genetic engineering*** ou ***manipulations***, les manipulations génétiques.

Sciences and Techniques | *Sciences et techniques*

physics	physique (science)
physical	physique *(adj.)*
chemistry	chimie
chemical	chimique
biology	biologie
biological	biologique
astronomy	astronomie
astronomical	astronomique
energy	énergie
nuclear	nucléaire
atom	atome
atomic	atomique
reactor	réacteur
machine	appareil, machine
device	dispositif
instrument (4)	instrument
to measure	mesurer
rocket	fusée
telescope	télescope, lunette astronomique
microscope (5)	microscope
cosmonaut	cosmonaute
shuttle	navette spatiale
satellite transmission	transmission par satellite
satellite imagery	images satellite
electronics	électronique *(n.)*
electronic	électronique *(adj.)*
cellular, mobile phone	téléphone portable
computing, information science	informatique
computer scientist	informaticien
computer addict, buff	mordu d'informatique
data processing	traitement des données
computer (6)	ordinateur
laptop, portable (computer)	ordinateur portable
chip	puce
semi-conductor	semi-conducteur
keyboard (7)	clavier
keyboarding	saisie
printer (8)	imprimante
word processor	machine à traitement de texte
calculator (9)	calculatrice
pocket calculator	calculette
to function, to work	fonctionner, marcher
to break down	tomber en panne
breakdown	panne
to scan	scanner

POUR ALLER PLUS LOIN

- Étant donné leur origine commune (grecque ou latine), beaucoup de termes techniques sont presque identiques en anglais et en français : ***advanced technology, specialized equipment, electronic control, industrial design***.

Attention ! Le mot ***engineering*** se traduit différemment selon les contextes : ***electrical engineering***, l'électrotechnique ; ***civil engineering***, le génie civil ; ***mechanical engineering***, le génie mécanique.

- Ne pas confondre ***physician*** (médecin ou chirurgien) avec ***physicist*** (physicien).

31

Politics
La politique

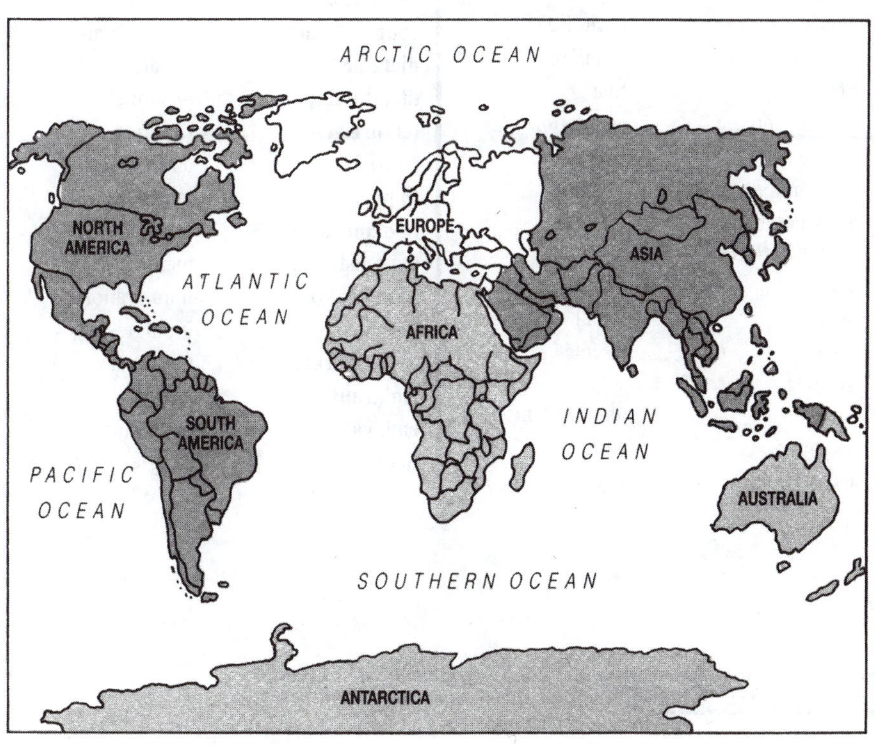

Peoples and the State | *Les peuples et l'État*

humanity, mankind	humanité
human rights	droits de l'homme
race	race
racial	racial
country	pays
territory	territoire
frontier, border	frontière
state	État
population	population
nationality	nationalité
national	national
fatherland, motherland	patrie
flag	drapeau
social	social
society	société
subject	sujet, ressortissant
citizen	citoyen
expatriate	expatrié
alien, foreigner	étranger
independence	indépendance
liberty	liberté
rebel	rebelle
rebellion, revolt	rébellion, révolte
to oppose	opposer
revolution	révolution
coup (d'État)	coup d'État
dictator	dictateur
dictatorship	dictature
terrorism	terrorisme
terrorist	terroriste
to protest	protester
to demonstrate	manifester
demonstration	manifestation
immigration	immigration
immigrant	immigré
to immigrate	immigrer
emigrant	émigré
emigration	émigration
to emigrate	émigrer

POUR ALLER PLUS LOIN

- Régions géopolitiques

The Third World : le tiers-monde
The Old/New World : l'Ancien/le Nouveau Monde
The Near East : le Proche-Orient
The Middle East : le Moyen-Orient
The Far East : l'Extrême-Orient

- Groupements internationaux

NATO (North Atlantic Treaty Organization) : OTAN
EEC (European Economic Community) : CEE
UNO (United Nations Organization) : ONU

State and Government | L'État et le gouvernement

regime	régime
political system	système politique
government	gouvernement
to govern	gouverner
politics	politique
politician	homme politique
power	pouvoir
sovereign	souverain
ruler	dirigeant
to rule	gouverner
to reign	régner
kingdom	royaume
monarchy	monarchie
crown	couronne
king, queen	roi, reine
prince, princess	prince, princesse
royal	royal
nobility	noblesse, nobles
democracy	démocratie
republic	république
president	président
Prime Minister	Premier ministre
mayor	maire
minister	ministre
Attorney General *(US)*	ministre de la Justice
Chancellor of the Exchequer *(GB)*	ministre des Finances
home secretary *(GB)*	ministre de l'Intérieur
ministry	ministère
civil servant	fonctionnaire
ambassador	ambassadeur
embassy	ambassade
diplomacy	diplomatie
election	élection
to elect	élire
candidate	candidat
vote	vote
poll	sondage ; scrutin
(political) party	parti politique
conservative	conservateur
liberal	libéral
right-wing, rightist	de droite
left-wing, leftist	de gauche, gauchiste
constitution	constitution

POUR ALLER PLUS LOIN

● Aux USA, le Parlement ***"Congress"*** est divisé en ***"Houses of Representatives"*** (députés), dont le nombre est proportionnel au nombre d'habitants de l'État, et ***"Senate"*** (deux ***senators*** par État). Le président élu est le chef de l'exécutif. La Cour suprême (***Supreme Cour***) joue un rôle de contrôle constitutionnel et de tribunal d'appel. La distinction entre les partis majoritaires ***"Republican Party"*** et ***"Democratic Party"*** n'est pas facile à établir pour les Européens.

● En GB, des élections législatives (***general election***) ont lieu tous les cinq ans. Il y a deux grands partis politiques, le ***Conservative party*** (à droite) et le ***Labour party*** (à gauche). Dans chaque circonscription (***constituency***), on élit un député (***Member of Parliament***). Le parti qui obtient une majorité de voix forme le gouvernement. Son ***leader*** devient ***Prime Minister***. C'est ce dernier qui possède le pouvoir, la reine (ou le roi), qui est le chef d'État (***Head of State***), n'ayant que des fonctions honorifiques et le devoir de désigner le leader du parti majoritaire comme premier ministre.

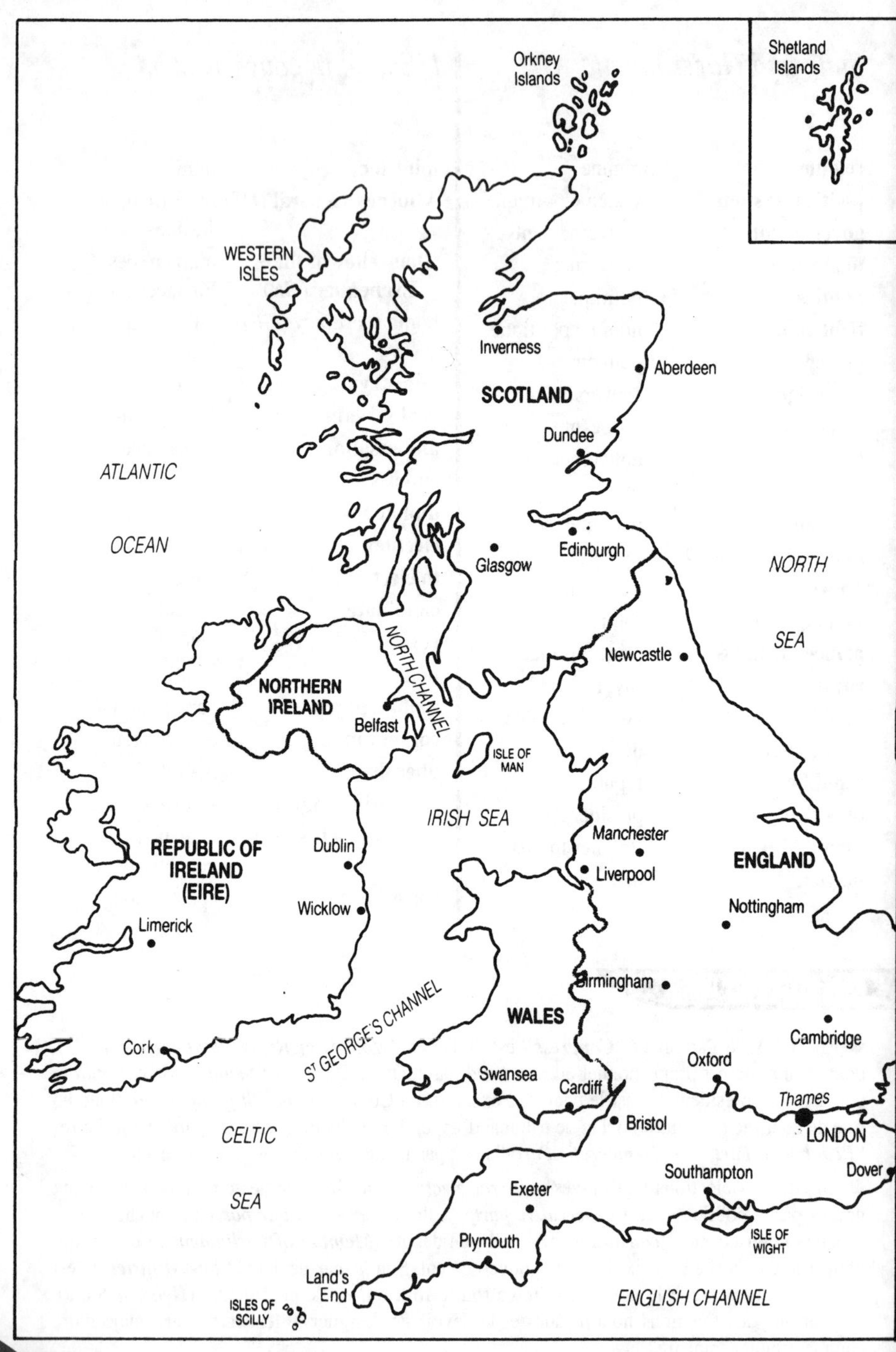
Shetland Islands
Orkney Islands
WESTERN ISLES
Inverness
Aberdeen
SCOTLAND
Dundee
ATLANTIC
OCEAN
Edinburgh
Glasgow
NORTH
SEA
Newcastle
NORTH CHANNEL
NORTHERN IRELAND
Belfast
ISLE OF MAN
IRISH SEA
Manchester
REPUBLIC OF IRELAND (EIRE)
Dublin
Liverpool
ENGLAND
Wicklow
Nottingham
Limerick
Birmingham
ST GEORGE'S CHANNEL
WALES
Cambridge
Cork
Oxford
Swansea
Cardiff
Thames
Bristol
LONDON
CELTIC
SEA
Southampton
Dover
Exeter
ISLE OF WIGHT
Plymouth
Land's End
ISLES OF SCILLY
ENGLISH CHANNEL

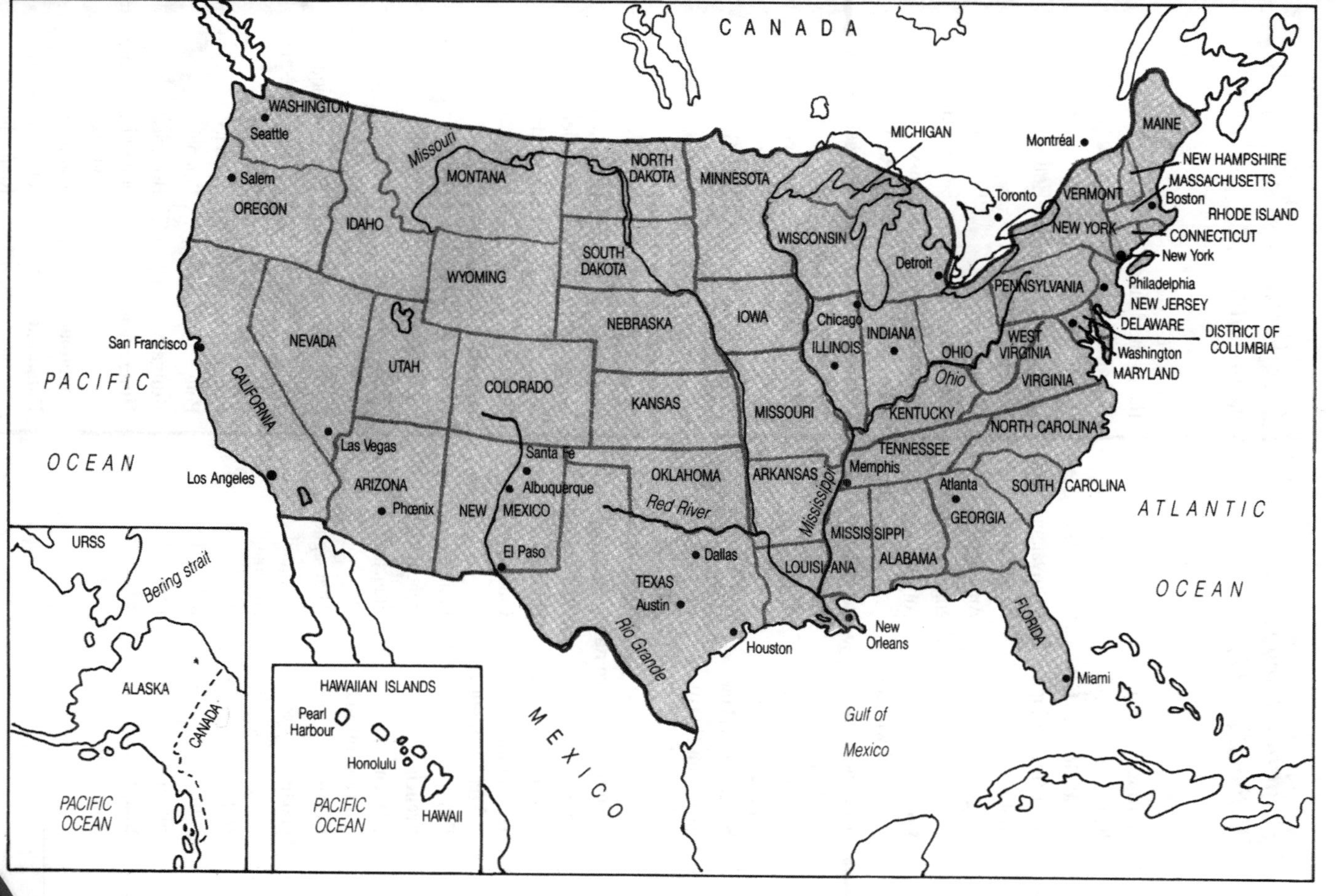
CANADA
PACIFIC
OCEAN
ATLANTIC
OCEAN
MEXICO
Gulf of
Mexico
WASHINGTON
Seattle
Salem
OREGON
IDAHO
Missouri
MONTANA
NORTH
DAKOTA
MINNESOTA
MICHIGAN
Montréal
MAINE
NEW HAMPSHIRE
MASSACHUSETTS
Boston
RHODE ISLAND
CONNECTICUT
New York
Philadelphia
NEW JERSEY
DELAWARE
DISTRICT OF
COLUMBIA
Washington
MARYLAND
Toronto
VERMONT
NEW YORK
WISCONSIN
Detroit
PENNSYLVANIA
SOUTH
DAKOTA
WYOMING
NEBRASKA
IOWA
Chicago
ILLINOIS
INDIANA
OHIO
Ohio
WEST
VIRGINIA
VIRGINIA
KENTUCKY
NORTH CAROLINA
TENNESSEE
Memphis
San Francisco
NEVADA
UTAH
COLORADO
KANSAS
MISSOURI
CALIFORNIA
Las Vegas
Los Angeles
ARIZONA
Phœnix
Santa Fe
Albuquerque
NEW
MEXICO
El Paso
OKLAHOMA
Red River
ARKANSAS
Mississippi
Atlanta
GEORGIA
SOUTH
CAROLINA
MISSISSIPPI
ALABAMA
LOUISIANA
Dallas
TEXAS
Austin
Rio Grande
Houston
New
Orleans
FLORIDA
Miami
URSS
Bering strait
ALASKA
CANADA
PACIFIC
OCEAN
HAWAIIAN ISLANDS
Pearl
Harbour
Honolulu
HAWAII
PACIFIC
OCEAN

Countries, Languages, Nationalities (1) / *Pays, langues, nationalités (1)*

Europe	Europe
European	Européen
Great Britain, GB	Grande-Bretagne
the United Kingdom	le Royaume-Uni
British	britannique
England	Angleterre
English	anglais
Englishman, Englishwoman	Anglais, e
Scotland	Écosse
Scottish	écossais
Scot, Scotsman, Scotswoman	Écossais, e
Northern Ireland	Irlande du Nord
Eire, (Southern) Ireland	République d'Irlande
Irish	irlandais
Irishman, Irishwoman	Irlandais, e
Wales	pays de Galles
Welsh	gallois
Welshman, Welshwoman	Gallois, e
France	France
French	français
Frenchman, Frenchwoman	Français, e
Germany	Allemagne
German	allemand, Allemand
Italy	Italie
Italian	italien, Italien
Spain	Espagne
Spanish	espagnol
Spaniard	Espagnol
the Netherlands	les Pays-Bas
Holland	Hollande
Dutch	hollandais
Dutchman, Dutchwoman	Hollandais, e
Belgium	Belgique
Belgian	belge, Belge
Switzerland	Suisse
Swiss	suisse, Suisse
Portugal	Portugal
Portuguese	portugais, Portugais
Greece	Grèce
Greek	grec, Grec
Sweden	Suède
Swedish	suédois
Swede	Suédois
Norway	Norvège
Norwegian	norvégien, Norvégien
Denmark	Danemark
Danish	danois
Dane	Danois
Austria	Autriche
Austrian	autrichien, Autrichien
Czechoslovakia	Tchécoslovaquie
Czech	tchèque, Tchèque
Poland	Pologne
Polish	polonais
Pole	Polonais
Hungary	Hongrie
Hungarian	hongrois, Hongrois
Romania	Roumanie
Romanian	roumain, Roumain

Countries, Languages, Nationalities (2)

Pays, langues, nationalités (2)

CIS (Commonwealth of Independent States)	CEI (Communauté des États Indépendants)
Russia	Russie
USSR	URSS
Russian	russe, Russe
Asia	Asie
Turkey	Turquie
Turkish	turc
Turk	Turc
Iraq	Iraq
Iraqi	iraquien, Iraquien
Iran	Iran
Iranian	iranien, Iranien
Lebanon	Liban
Lebanese	libanais, Libanais
Israel	Israël
Israeli	israélien, Israélien
Hebrew	hébreu
India	Inde
Indian	indien, Indien
the Indies	les Indes
China	Chine
Chinese	chinois, Chinois
Japan	Japon
Japanese	japonais, Japonais
America	Amérique
the United States (of America)	les États-Unis (d'Amérique)
American	américain, Américain
American (English)	(anglais) américain
Canada	Canada
Canadian	canadien, Canadien
Mexico	Mexique
Mexican	mexicain, Mexicain
the West Indies, the Carribean	les Caraïbes
Brazil	Brésil
Brazilian	brésilien, Brésilien
Brazilian (Portuguese)	(portugais) brésilien
Argentina	Argentine
Argentinian	argentin, Argentin
Chile	Chili
Chilian	chilien, Chilien
Columbia	Colombie
Columbian	colombien, Colombien
Africa	Afrique
African	africain, Africain
South Africa	Afrique du Sud
Algeria	Algérie
Algerian	algérien, Algérien
Morocco	Maroc
Moroccan	marocain, Marocain
Egypt	Égypte
Egyptian	égyptien, Égyptien
Saudi Arabia	Arabie Saoudite
Australasia	Australasie
Oceania	Océanie
Australia	Australie
Australian	australien, Australien
New Zealand	Nouvelle-Zélande
New Zealander	Néo-Zélandais
New Zealand	néo-zélandais (épithète)

Justice and the Law
La justice et le droit

Crime | Le crime

the law	la loi, le droit
legal	légal
illegal	illégal, illicite
to arrest	arrêter
arrest	arrestation
police	police
policeman, police officer	policier, agent de police
detective (1)	détective
inquiry, investigation	enquête policière
clue	indice
alibi	alibi
suspect (2)	suspect
crime	crime, délit
criminal	criminel
to commit a crime	commettre un délit
petty crime	larcin
delinquency	délinquance
delinquent	délinquant
to break the law	enfreindre la loi
theft, robbery (3)	vol
to steal	voler
to rob	dévaliser
thief	voleur
break-in (4)	effraction
burglary	cambriolage
burglar (5)	cambrioleur
to burgle	cambrioler
armed robbery	vol à main armée
extortion	extorsion
to threaten	menacer
threat	menace
murder	meurtrier
murderer	meurtre
rape	viol
to shoot	abattre
to kidnap	enlever
kidnapping	rapt
ransom	rançon
hostage (taking)	(la prise d') otage
blackmail	chantage
vengeance, revenge	vengeance
to revenge (oneself)	(se) venger
to lynch	lyncher

POUR ALLER PLUS LOIN

- Il est intéressant de constater que la Grande-Bretagne n'a pas de constitution écrite, d'où l'importance de l'équilibre entre ***Statute Law*** (le droit écrit) et ***Common Law*** (le droit coutumier, non écrit).
- ***Law*** recouvre à la fois les mots « droit » et « loi » ; ***to pass a law***, faire passer une loi ; ***to study (the) law***, faire des études de droit.
- À propos de ***illegal*** : ***an illegal move*** (aux échecs, par exemple), un coup contre les règles ; ***an illegal act***, un acte illégal ; ***an illegal gambling house***, une maison de jeu illicite.
- ***To steal*** et ***to rob*** : ***My car was stolen***. (Ma voiture a été volée.) ; ***The bank was robbed***. (La banque a été dévalisée.) ; ***They stole the money from the till*** ou ***They robbed the till***. (On a volé l'argent de la caisse.)

In Court | Au tribunal

court (6)	tribunal
judge (7)	juge
magistrate (8)	magistrat
jury (9)	jurés, jury
to judge	juger
judg(e)ment	jugement
dock	banc des accusés
lawyer, *(US)* attorney	avocat
accused (10)	accusé
innocent	innocent
guilty	(jugé) coupable
trial	procès
case	cas, affaire
to swear	jurer
witness	témoin
witness box	banc des témoins
testimony, statement	témoignage, déposition
coroner	médecin légiste
to swear	jurer
to appeal	faire appel
charge	accusation
defendant	prévenu
evidence	preuve ; témoignage
proof	preuve
perjury	parjure, faux témoignage
verdict	verdict
punishment	punition, peine
to punish	punir
fine	amende
to sentence	condamner
sentence	sentence, peine
death sentence	peine de mort
capital punishment	peine capitale
prison, jail	prison
imprisonment	réclusion
prisoner (11)	prisonnier
to free	libérer
to escape	s'évader

POUR ALLER PLUS LOIN

- En Grande-Bretagne, ***a solicitor*** assume à la fois les fonctions d'un notaire et d'un avoué : il rédige des actes notariés et il aide à la préparation du dossier lors de la saisie d'une affaire. Seul son collègue, ***the barrister*** (l'avocat), peut plaider devant la cour.
- Aux USA, la distinction n'est pas la même : ***an attorney*** prépare lui-même le dossier qu'il va plaider. Le titre d'***Attorney General*** désigne le ministre de la Justice.
- ***Ignorance of the law is no defence,*** Nul n'est censé ignorer la loi !

33
Religion
La religion

Religions and Faith | Les religions et la foi

religious	religieux
atheist	athée
to believe	croire
belief	croyance
Christian	chrétien
Catholic	catholique
Protestant	protestant
Orthodox	orthodoxe
Anglican	anglican
Jew, Jewish	Juif, juif
Muslim, Mohammedan	musulman
God	Dieu
Lord	Seigneur
the Holy Ghost	le Saint-Esprit
divine	divin
Jesus (Christ)	Jésus (- Christ)
the Virgin Mary	la Vierge Marie
angel (1)	ange
Heaven, Paradise	Paradis
the Last Jugement	le Jugement dernier
sect	secte
dissenters	dissidents
preacher	prédicateur
hymn	hymne, cantique
Hell (2)	enfer
Satan, the Devil (3)	Satan, le diable
sacred	sacré, saint
saint	saint
soul	âme
temptation	tentation
sin	péché
spirit	esprit
miracle	miracle
the afterlife, life after death	la vie après la mort
the beyond, the next world	(l')au-delà
cross (4)	croix
crucifixion	crucifixion
resurrection	résurrection
destiny	destin
fate	sort

EXPRESSIONS COURANTES

- ***A Greek god***, un dieu grec ; ***a Greek goddess***, une déesse grecque ; ***God the Father***, Dieu le Père ; ***Our Father who art in Heaven***..., Notre Père qui êtes aux cieux (***art*** : ancienne forme 2e personne du singulier de ***to be***) ; ***to praise God***, louer Dieu.
- ***To believe : I believe in God***, je crois en Dieu ; ***she's a believer***, elle est croyante ; ***she believed what he said***, elle a cru ce qu'il disait.
- ***Devil's advocate*** (l'ancien terme pour ***lawyer***), l'avocat du diable ;
between the devil and the deep blue sea, entre Charybde et Scylla ; ***talk of the devil!*** quand on parle du loup, on en voit la queue !

Religious Life | *La vie religieuse*

faith	foi
the faithful	les fidèles
mass	messe
service	culte, office
ceremony	cérémonie
hope	espoir, espérance
eternity	éternité
eternal	éternel
to pray (5)	prier
prayer	prière
to worship (God)	adorer (Dieu)
clergy	clergé
Pope	pape
sermon	prédication, homélie
to preach	prêcher
(Catholic) priest	curé, prêtre
bishop (6)	évêque
archibishop	archevêque
pastor, vicar	pasteur
monk, friar (7)	moine, frère
nun (8)	religieuse, nonne
parish	paroisse
church (9)	église
chapel	chapelle
bell (10)	cloche
altar	autel
convent	couvent
monastery	monastère
synagogue	synagogue, temple
mosque	mosquée
Christmas	Noël
Easter	Pâques
Whitsun	Pentecôte
fundamentalism	intégrisme religieux
fundamentalist	intégriste
fast	jeûne
to fast	jeûner

POUR ALLER PLUS LOIN

- ***The Church of England*** (***Anglican Church*** et, familièrement, ***'C of E'***) est la religion d'État en Grande-Bretagne. La reine d'Angleterre est à la tête de l'Église mais sa position n'est que symbolique. C'est ***the Archbishop of Canterbury*** qui est le véritable chef religieux.
- ***The vicar*** est le pasteur (protestant) de la paroisse. ***A priest*** est un prêtre de confession orthodoxe ou catholique (pendant longtemps interdite en Angleterre).
- ***Boxing Day*** (le lendemain de Noël) est férié en Angleterre : son nom dérive de la boîte (***box***) pour les étrennes des domestiques, qui bénéficiaient d'un de leurs rares jours de repos.

34

War and Peace

Guerre et paix

The Military | Les corps militaires

weapon, arm	arme
armament	matériel de guerre, armement
chemical/biological weapons	armes chimiques/ biologiques
nuclear bomb	bombe nucléaire
(nuclear) deterrent	dissuasion nucléaire
uniform (1)	uniforme
army	armée
rank	rang
officer (2)	officier
soldier, private	(simple) soldat
troops (3)	troupes
general	général
rifle	fusil
revolver	revolver
pistol (4)	pistolet
gun (5)	arme à feu
cannon (6)	canon
tank	char
to blow up	exploser ; faire sauter
parachute	parachute
parachutist, para	parachutiste
airforce	armée de l'air
fighter (aircraft)	avion de combat
bomber (7)	bombardier
bomb	bombe
missile	missile
helicopter (8)	hélicoptère
navy	marine
aircraft carrier	porte-avions
battleship	cuirassé
submarine	sous-marin
shelter	abri

POUR ALLER PLUS LOIN

● La défense de la Grande-Bretagne est assurée par ***the Army*** (l'armée de terre), ***the Royal Navy*** (la marine) et ***the Royal Air Force*** (l'armée de l'air).
Le service militaire obligatoire (***National Service***) n'existe plus et l'armée nationale est une armée de métier ; c'est le cas aussi aux USA, où le ***draft*** (conscription) n'existe plus depuis la fin de la guerre du Vietnam.

● ***To declare war on…***, déclarer la guerre à… ; ***the arms'race/build-up***, la course aux armements ; ***to be on a war footing***, être sur le pied de guerre ; ***a warmonger***, un va-t'en guerre.

War | La guerre

battle	bataille	**to defend**	défendre, résister
battlefield	champ de bataille	**to shoot**	tirer
to fight (9)	se battre	**to wound**	blesser
fight	combat	**wound**	blessure
invasion	invasion	**(the) wounded**	(les) blessé(s)
invader, invading armies	envahisseur	**to maim**	mutiler
		to kill	tuer
to invade	envahir	**corpse**	cadavre
to destroy	détruire	**pacifist**	pacifiste
to annihilate	anéantir	**to attack**	attaquer
siege	siège	**violence**	violence
blockade	blocus	**violent**	violent
trench	tranchées	**peaceful**	paisible, pacifique
enemy	ennemi	**ceasefire**	cessez-le-feu
ally	allié	**truce**	trêve
victory	victoire	**treaty**	traité
defeat	défaite	**curfew**	couvre-feu
to win the war	gagner la guerre, vaincre	**nuclear war**	guerre nucléaire
to surrender, to capitulate	se rendre, capituler		

EXPRESSIONS COURANTES

- ***World War One, The First World War, WWI*** (la Première Guerre mondiale) ; ***World War Two, The Second World War*** (la Seconde Guerre mondiale).
- ***to beat/drive the enemy back*** refouler l'ennemi
to retreat/pull back se retirer
to besiege/lay siege to a town assiéger une ville
to raze a town to the ground raser une ville

Will and Capacity
Vouloir et pouvoir

Will — Vouloir

will	volonté
willingly	volontiers
to want	vouloir
to wish (for)	souhaiter
wish	souhait
to desire	désirer
desire	désir
to aspire to	aspirer à, prétendre à
to dare	oser
daring	audace
to try (to)	essayer, tenter (de)
try	essai, tentative
to attempt to	tenter de
attempt	tentative
to plan	projeter, faire des projets
to intend to	avoir l'intention de
plan	projet, plan
motive	motif
reason	raison
effort	effort
to strive for	s'évertuer à, s'efforcer de
to force	forcer
force	force, violence
(to be) necessary	(être) nécessaire
to order	ordonner
order	ordre
to demand	exiger
to obey	obéir
obedience	obéissance
to disobey	désobéir
disobedience	désobéissance
to urge sb to	pousser qn à
to decide	décider
decision	décision
responsibility	responsabilité
responsible (for)	responsable (de)
purpose	intention
on purpose	exprès
in vain	en vain

POUR ALLER PLUS LOIN

- Utilisation des verbes modaux pour traduire « devoir » :

You must believe me.	Tu dois me croire.
They must have learnt this.	Ils ont dû apprendre ça.
They should/ought to be more careful.	Ils devraient faire plus attention.
You mustn't smoke in here!	Tu ne dois pas fumer ici ! (Il est interdit de fumer !)
She needn't worry.	Elle ne doit pas se faire de souci. (Elle n'a pas de raison de s'inquiéter.)

- Traductions possibles de ***to wish*** :

I wish you were here.	Je voudrais (tant) que tu sois là.
I wish I'd listened to her!	Si seulement je l'avais écoutée !
He wished for peace and quiet.	Il souhaitait la tranquillité.

Capacity — Pouvoir

possible	possible
possibility	possibilité
probable	probable
impossible	impossible
able, capable	capable
likely to	susceptible de
unable	incapable
ability	capacité
easy	facile
difficult	difficile
difficulty	difficulté, obstacle
simple	simple
useful	utile
useless	inutile
use	usage, utilité
risk	risque
risky	hasardeux
chance	hasard
destiny	destin
opportunity	occasion
to manage	parvenir à
to succeed (in)	réussir (à)
success	succès
to accomplish	accomplir
to fail	échouer
failure	échec
to give up	renoncer, abandonner
to result (in)	avoir pour résultat, résulter (en)
result, outcome	résultat
obstacle	obstacle
to prevent, to stop	empêcher
by chance	par hasard
in spite of	malgré
to prohibit, to forbid	interdire
to permit, to allow	permettre
permission	permission

EXPRESSIONS COURANTES

● ***Can, could, may*** et ***might*** pour traduire « pouvoir ».

He can be very unpleasant.	Il peut être très désagréable.
Could I speak to him?	Pourrais-je lui parler ?
He can't have said that!	Il n'a pas pu dire ça ! (Il ne peut pas avoir dit ça !)
There's no answer. She may be sleeping.	On ne répond pas. Peut-être qu'elle dort.
This might surprise you.	Cela pourrait vous surprendre.
● ***There's no such word as "can't"!***	Rien n'est impossible ! (« Impossible » n'est pas français !)
Where there's a will, there's a way.	Vouloir c'est pouvoir.

Emotions

Les émotions

Love and Hate | *L'amour et la haine*

to like	aimer (bien)
to be fond of	aimer, chérir
to be keen on	aimer, se passionner pour
to enjoy	aimer, apprécier
to love (1)	aimer (d'amour)
love	amour
lover	amant
to make love	faire l'amour
to fall in love (with)	tomber amoureux (de)
love at first sight	coup de foudre
to adore	adorer
passion	passion
concern	souci, inquiétude
to care (about)	se soucier (de)
to attract	attirer
attraction	attirance
to prefer	préférer
preference	préférence
to long for to look forward to (+ gérondif)	avoir très envie de, avoir hâte de
friend (2)	ami
girlfriend, boyfriend	petit(e) ami(e)
friendship	l'amitié
friendly	amical
affection	affection
affectionate	affectueux
tender	tendre
to kiss (3)	embrasser
kiss	le baiser
to hug, to embrace	étreindre
hug	étreinte
to caress, to stroke	caresser
indifference	indifférence
to spoil	gâter
to hate	haïr
to detest	détester
hatred	haine
disdain, contempt (4)	dédain, mépris
to despise	mépriser
to dislike	ne pas aimer
to annoy	ennuyer, énerver
annoyance	contrariété

EXPRESSIONS COURANTES

● Affection, goûts et préférences :
I like her. (Je l'aime bien.) ; ***I love her.*** (Je l'aime.) ***He loves sport.*** (Il adore le sport.) ; ***She's very fond of her little cousin.*** (Elle aime beaucoup son petit cousin.) ; ***They're very keen on mountaineering.*** (Ce sont des passionnés de l'escalade.) ; ***We enjoyed the meal.*** (Nous avons beaucoup apprécié le repas.)

● ***She's the love of his life.***	C'est l'amour de sa vie.
I'm not doing it for love, you know.	Je ne le fais pas pour tes beaux yeux.
Love me, love my dog.	Qui m'aime, aime mon chien.
Not for love, nor money!	Pour rien au monde !

The Personality | La personnalité

character	caractère ; personnage
serious	sérieux
earnest, grave	sérieux, grave
dignity	dignité
mocking, mockery	moquerie
noble (5)	noble
nobility	la noblesse
patient	patient
patience	patience
to bear	supporter, endurer
cheerful	gai, joyeux
jolly	jovial
nice	gentil, sympa
pleasant	agréable
likable	aimable
timid, shy	timide, réservé
nervous (6)	nerveux
tense	tendu
relaxed	détendu
flippant	désinvolte
charming	charmant
charm	charme
proud	fier
pride	fierté
(self-)confident	sûr de soi
self-conscious	embarrassé
severe	sévère
strict	strict
polite	poli
rude (7)	impoli ; grossier
sensitive	sensible
sensible	raisonnable
optimistic	optimiste
pessimistic	pessimiste
to be good-natured	avoir bon caractère

EXPRESSIONS COURANTES

What sort of (a) person is he?	Quel genre de personne est-il ?
He's a bit of a show-off.	Il est un peu frimeur.
Who does he think he is?	Pour qui se prend-il ?
It's second nature to him.	C'est une seconde nature chez lui.
His great fault/flaw is…	Il a le grand défaut de…
That's not in his character.	Il n'est pas comme d'habitude.

Feelings | Les sentiments

to feel	sentir
experience	expérience
admiration	admiration
impression	impression
mood	humeur
to bore	ennuyer
to be bored	s'ennuyer
boring	ennuyeux
boredom	l'ennui
to be delighted	se réjouir
pleasure	plaisir
to please	faire plaisir (à)
enthusiasm	enthousiasme
eager	désireux, avide
to show	montrer
to reveal	révéler
to control	maîtriser, contrôler
to worry	se soucier, s'inquiéter
worry	inquiétude, souci
anxious	anxieux, angoissé
anguish	anxiété, angoisse
to fear	craindre
fear	peur
fright	frayeur
to frighten	faire peur
to be afraid (of)	avoir peur (de)
to dread	redouter
gloomy	mélancolique
despair	désespoir
desperate	désespéré
shame	honte
to be ashamed of	avoir honte de
anger	colère
angry (8)	en colère, furieux
to calm down	se calmer
jealous	jaloux
jealousy	jalousie
envious	envieux
envy	envie
curious, inquisitive	curieux
curiosity, inquisitiveness	curiosité
bitter	amer
bitterness	amertume

EXPRESSIONS COURANTES

● ***Temper*** et ***tempered*** :

He easily loses his temper.	Il perd facilement son sang-froid.
He's short-tempered.	Il est soupe au lait.
He's bad-tempered.	Il a mauvais caractère.
He's in a dreadful temper this morning.	Il est de très mauvaise humeur ce matin.

● ***To feel like*** dans le sens de « avoir envie de » :

Do you feel like a walk?	Tu as envie d'aller te promener ?
I don't feel like working.	Je n'ai pas envie de travailler.

Joy and Sadness | *La joie et la tristesse*

happy	heureux, content
happiness	bonheur
unhappy	malheureux
unhappiness	malheur
content, pleased	content
contentment	contentement
satisfaction	satisfaction
satisfied	satisfait
to be in a good/ bad mood	être de bonne/ mauvaise humeur
joyful, glad, cheerful	joyeux
joy	la joie
to laugh	rire
laughter	rire *(n.)*
to smile	sourire
smile	sourire *(n.)*
to upset	contrarier, vexer
upsetting	vexant, affligeant
to suffer	souffrir
suffering	peine, souffrance
regret	regret
sorrow	peine, chagrin
remorse	remords
pain	douleur, peine
to harm	faire du mal (à)
to hurt sb's feelings	faire de la peine à qn
sad	triste
sadness	tristesse
miserable	triste, malheureux
distressing	bouleversant, attristant
tear	larme
to cry, to weep	pleurer
to sob (9)	sangloter
sob	sanglot
to sigh	soupirer
sigh	soupir
to disappoint	décevoir
disappointment	déception
to complain	se plaindre
complaint	plainte

EXPRESSIONS COURANTES

He's down in the mouth ou ***He's very low***.	Il est abattu.
He's as miserable as sin.	Il est triste comme un lendemain de fête.
I'm in a very bad mood.	Je suis de très mauvaise humeur.
She's got the blues.	Elle a le cafard.

Attention ! ***To cry*** veut souvent dire « pleurer » plutôt que « crier » (***to cry out***).

Ethics and Morals
Éthique et morale

Qualities | Les qualités

behaviour	comportement
to behave	se comporter
good *(n.)*	bien *(n.)*
good *(adj.)*	bon ; sage
goodness	bonté
patience	patience
patient	patient
punctual	à l'heure, ponctuel
reliable	digne de confiance, sûr
kind	gentil, aimable, serviable
charity	charité
open-minder	large d'esprit
tolerant	tolérant
tolerance	tolérance
to forgive	pardonner
forgiveness	pardon, clémence
to console	consoler
to help	aider
help	aide
frank, outspoken	franc
honest	honnête
honesty	honnêteté
sincere	sincère
sincerity	sincérité
generous, giving	généreux
modest	modeste
modesty	modestie
humble	humble
fair	équitable, juste
decent, upright	droit, correct
brave	courageux
courage	courage
hard-working	travailleur
faithful	fidèle
to deserve	mériter

POUR ALLER PLUS LOIN

- La plupart des substantifs abstraits désignant des qualités se forment en ajoutant le suffixe *-ness* à l'adjectif : ***kind – kindness ; polite – politeness ; cheerful – cheerfulness***, etc. Quand une forme plus ancienne existe, elle est souvent d'origine française : ***humble – humility ; patient – patience ; courageous – courage***.

- ***A friend in need is a friend indeed.*** C'est dans le besoin que l'on reconnaît ses amis.
Charity begins at home. Charité bien ordonnée commence par soi-même.
Honesty is the best policy. La malhonnêteté ne paie pas.

Faults | Les défauts

evil	mal *(n.)*
bad	mauvais, mal
vice	vice
arrogance	orgueil, arrogance
arrogant	arrogant, orgueilleux
vain (1)	vaniteux
vanity	vanité
pretentious	prétentieux
to boast	se vanter
to lie	mentir
lie	mensonge
to deceive	décevoir, tromper
shame	honte
wicked	vicieux
naughty (2)	méchant (un enfant)
nasty	méchant, désagréable
rude	grossier
miserly, avaricious	avare
neglectful	négligent
cruel	cruel
cruelty	cruauté
mean (3)	mesquin, avare
selfish (4)	égoïste
unkind	méchant
impatient	impatient
rash, heedless (5)	imprudent, hardi
lazy (6)	paresseux
laziness	la paresse
stubborn	têtu
harsh, hard (7)	dur, sévère
ridiculous	ridicule
spite	le dépit, la malveillance
spiteful	vicieux, rancunier
careless	insouciant, imprudent
casual	désinvolte
dreadful	affreux

POUR ALLER PLUS LOIN

- *Nasty* : ***That was a nasty trick*** (C'était un sale tour). ***A nasty taste/smell*** (Un goût/une odeur désagréable).
- Définition bien britannique d'un cynique :
A man who thinks everybody is as nasty as himself and hates them for it : Un homme qui croit que l'humanité entière est aussi méchante que lui et qui, de ce fait, la déteste ! (George Bernard Shaw).
- Les animaux nous servent souvent de point de comparaison pour nos propres défauts. En voici deux exemples :

As proud as a peacock.	Fier comme un paon, comme Artaban.
As stubborn as a mule.	Têtu comme une mule, comme un âne.

38
Intellect
La vie intellectuelle
FULL OF COMPLICATED CONCEPTS, BUT VERY CLEVER...!
PLATO
GIVE ME THIS ONE!
GO ON, BOY!
CERTAINTY AND KNOWLEDGE AREN'T THE SAME THING...
I DON'T BELIEVE IT
5
1
2
4
3
WHO'S SHE THINKING ABOUT?

Thought and Imagination | *La pensée et l'imagination*

mind	esprit
thought	pensée
to think (1)	penser, réfléchir
reflection	réflexion
to imagine	imaginer
imagination	imagination
to reckon	estimer
to remember	se rappeler
to remind, to recall	rappeler
memory	mémoire ; souvenir
to forget	oublier
to reason	raisonner
reason	raison
reasoning	raisonnement
common sense	bon sens, sens commun
idea	idée
notion	notion, idée
concept	concept
point of view, viewpoint	point de vue
opinion	opinion, avis
attitude	attitude
interest	intérêt
to be interested in (2)	s'intéresser à
to interest	intéresser
interesting	intéressant
puzzled	perplexe
complicated	compliqué
complex	complexe
to hesitate, to waver	hésiter
hesitation	hésitation
to doubt	douter
doubt	doute
to suspect	se douter, soupçonner
suspicion (3)	soupçon
circumstance	circonstance
issue	question
subject	sujet

EXPRESSIONS COURANTES

Just bear it in mind. — Songez-y/tenez-en bien compte.
I've a good mind to write to the papers. — J'ai l'intention d'écrire à la presse.
I'm in two minds about it. — J'ai du mal à me décider.
Make up your mind! — Décide-toi !
And don't change your mind. — Et ne change pas d'avis !
Great minds think alike. — Les grands esprits se rencontrent.

Attention ! *To think* peut se traduire par « penser », « croire » ou « réfléchir ».

Don't disturb me, I'm thinking. — Ne me dérange pas, je réfléchis.
Do you think he'll be here tomorrow? — Croyez-vous qu'il sera là demain ?
I don't think so. — Je ne crois pas.
So what do you think (about it)? — Qu'est-ce que tu en penses, alors ?

Intelligence and Knowledge | *L'intelligence et la connaissance*

genius	génie
intelligent	intelligent
intelligence	intelligence
clever	intelligent ; adroit
talent	talent
talented	talentueux
quick, bright	vif, intelligent
gifted	doué
skill	adresse (habileté)
cunning	rusé, futé ; ruse
crafty, wily	rusé, malin
shrewd (4)	avisé, astucieux
wise	sage
wisdom	sagesse
to know	savoir ; connaître
knowledge	savoir ; connaissance
to judge	juger
judg(e)ment	jugement
accurate	précis
stupid, *(US)* **dumb**	bête, idiot, stupide
stupidity	bêtise, stupidité
prejudice	préjugé
true	vrai
truth	vérité
false	faux
falsehood, untruth	faux *(n.)*
right	correct, juste
wrong	incorrect, faux
certain	certain
certainty	certitude
mistake	erreur
to make a mistake	faire une erreur, se tromper
to be mistaken	se tromper, être dans l'erreur
to confuse	confondre
confusion	confusion

EXPRESSIONS COURANTES

● ***Right*** et ***wrong*** :

You're right.	Vous avez raison.
You're wrong.	Vous avez tort (vous vous trompez).
It's wrong to steal.	C'est mal de voler.
He gave a wrong/right answer.	Il a donné une réponse fausse/une bonne réponse.

● ***To be mistaken*** veut dire « se tromper », « être dans l'erreur » ; ***to make a mistake***, plus concret, veut dire « faire une faute, une erreur ».

You're very much mistaken.	Vous vous trompez du tout au tout.
I've made a mistake in the third paragraph.	J'ai fait une faute dans le troisième paragraphe.

The Quest for Truth | À la recherche de la vérité

to agree	être d'accord
agreement	accord
to disagree	ne pas être d'accord
disagreement	désaccord
to explain	expliquer
explanation	explication
to suppose	supposer
to deny	nier
denial	dénégation, rejet
to refuse	refuser, rejeter
refusal	rejet, refus
to argue	argumenter, proposer ; se disputer
argument	argument, point ; dispute
to admit	admettre
to accept	accepter
to presume, to assume	supposer, présumer
to convince	convaincre
to persuade	persuader
persuasion	persuasion
to be involved	être impliqué
to advise (5)	conseiller
advice	conseil
to weigh up	peser (les arguments)
to account for	justifier, expliquer
to justify	justifier
to guess	deviner, estimer
guess	conjecture, supposition
main	majeur, primordial
important	important
importance	importance
example	(par) exemple
irrelevant	hors propos, à côté du sujet
relevant	pertinent
actually, in fact	en fait

EXPRESSIONS COURANTES

● Deux vices de la discussion : ***to nit-pick*** : être tatillon, chercher la petite bête ; ***to split hairs*** : couper les cheveux en quatre.

● Les verbes ***to reckon*** (estimer) et ***to guess*** (deviner) sont utilisés dans le sens de croire, supposer (particulièrement aux USA) :

Will you be coming? I reckon (so).	Tu viendras ? Oui, je crois bien.
What's the time? Around two, I guess.	Quelle heure est-il ? Deux heures environ, je crois.
● ***Truth will out!***	On ne peut cacher la vérité !

Irregular Verbs — *Verbes irréguliers*

to be	I was	been	*être*
to beat	I beat	beaten	*battre*
to become	I became	become	*devenir*
to begin	I began	begun	*commencer*
to bend	I bent	bent	*tordre*
to bite	I bit	bitten	*mordre*
to blow	I blew	blown	*souffler*
to break	I broke	broken	*casser, briser*
to breed	I bred	bred	*élever*
to bring	I brought	brought	*apporter, amener*
to build	I built	built	*construire*
to burn	I burnt	burnt	*brûler*
to burst	I burst	burst	*éclater, crever*
to buy	I bought	bought	*acheter*
to catch	I caught	caught	*attraper*
to choose	I chose	chosen	*choisir*
to come	I came	come	*venir*
to cost	I cost	cost	*coûter*
to creep	I crept	crept	*ramper*
to cut	I cut	cut	*couper*
to deal	I dealt	dealt	*traiter ; distribuer*
to dig	I dug	dug	*creuser*
to do	I did	done	*faire*
to draw	I drew	drawn	*dessiner*
to dream	I dreamt	dreamt	*rêver*
to drink	I drank	drunk	*boire*
to drive	I drove	driven	*conduire*
to eat	I ate	eaten	*manger*
to fall	I fell	fallen	*tomber*
to feed	I fed	fed	*(se) nourrir*
to feel	I felt	felt	*sentir*
to fight	I fought	fought	*se battre*
to find	I found	found	*trouver*
to fly	I flew	flown	*voler*
to forbid	I forbade	forbidden	*interdire*
to forget	I forgot	forgotten	*oublier*
to forgive	I forgave	forgiven	*pardonner*
to freeze	I froze	frozen	*geler*
to get	I got	got	*obtenir, etc.*
to give	I gave	given	*donner*
to go	I went	gone	*aller*

to grind	I ground	ground	*moudre*
to grow	I grew	grown	*croître, pousser*
to hang	I hung	hung	*prendre*
to have	I had	had	*avoir*
to hear	I heard	heard	*entendre*
to hide	I hid	hidden	*(se) cacher*
to hit	I hit	hit	*frapper*
to hold	I held	held	*tenir*
to hurt	I hurt	hurt	*blesser*
to keep	I kept	kept	*garder, conserver*
to kneel	I knelt	knelt	*s'agenouiller*
to knit	I knit	knit	*tricoter*
to know	I knew	known	*savoir, connaître*
to lay	I laid	laid	*placer, étendre*
to lead	I led	led	*mener*
to lean	I leant	leant	*(se) pencher*
to leap	I leapt	leapt	*s'élancer*
to learn	I learnt	learnt	*apprendre*
to leave	I left	left	*partir, quitter*
to lend	I lent	lent	*prêter*
to let	I let	let	*permettre, laisser*
to lie	I lay	lain	*se coucher*
to light	I lit	lit	*allumer*
to lose	I lost	lost	*perdre*
to make	I made	made	*faire, fabriquer*
to mean	I meant	meant	*vouloir dire*
to meet	I met	met	*rencontrer*
to mow	I mowed	mown	*tondre (la pelouse)*
to pay	I paid	paid	*payer*
to put	I put	put	*mettre, placer*
to read	I read	read	*lire*
to ride	I rode	ridden	*monter (à cheval)*
to ring	I rang	rung	*sonner*
to rise	I rose	risen	*s'élever*
to run	I ran	run	*courir*
to saw	I sawed	sawn	*scier*
to say	I said	said	*dire*
to see	I saw	seen	*voir*
to seek	I sought	sought	*chercher*
to sell	I sold	sold	*vendre*
to send	I sent	sent	*envoyer*
to set	I set	set	*mettre*
to sew	I sewed	sewn	*coudre*
to shake	I shook	shaken	*agiter ; trembler*
to shine	I shone	shone	*briller*
to shoot	I shot	shot	*tirer (un coup de fusil etc.)*
to show	I showed	shown	*montrer*

to shut	I shut	shut	*fermer*
to sing	I sang	sung	*chanter*
to sink	I sank	sunk	*couler, sombrer*
to sit	I sat	sat	*s'asseoir*
to sleep	I slept	slept	*dormir*
to slide	I slid	slid	*glisser*
to smell	I smelt	smelt	*sentir, flairer*
to speak	I spoke	spoken	*parler*
to spell	I spelt	spelt	*épeler*
to spend	I spent	spent	*dépenser ; passer (du temps)*
to spin	I spun / span	spun	*filer ; faire tourner*
to spit	I spat	spat	*cracher*
to spoil	I spoilt	spoilt	*gâter, gâcher*
to spread	I spread	spread	*étendre ; couvrir*
to spring	I sprang	sprung	*bondir*
to stand	I stood	stood	*se tenir (debout)*
to steal	I stole	stolen	*voler*
to stick	I stuck	stuck	*coller, fixer*
to sting	I stung	stung	*piquer*
to stink	I stank	stunk	*sentir mauvais*
to strike	I struck	struck	*frapper*
to swear	I swore	sworn	*jurer*
to sweep	I swept	swept	*balayer*
to swell	I swelled	swollen	*gonfler, (s')enfler*
to swim	I swam	swum	*nager*
to swing	I swung	swung	*se balancer*
to take	I took	taken	*prendre*
to teach	I taught	taught	*enseigner*
to tear	I tore	torn	*déchirer*
to tell	I told	told	*dire*
to think	I thought	thought	*penser*
to throw	I threw	thrown	*jeter*
to understand	I understood	understood	*comprendre*
to upset	I upset	upset	*renverser*
to wake (up)	I woke	woken	*(se) réveiller*
to wear	I wore	worn	*porter, mettre*
to weave	I wove	woven	*tisser*
to win	I won	won	*gagner*
to wind	I wound	wound	*enrouler*
to write	I wrote	written	*écrire*

N° d'éditeur : 10148404
Dépôt légal : janvier 2008
Imprimé en France par EMD S.A.S.
N° d'imprimeur : 18385